SOMMAIRE

Les **Offices** de **Tourisme** du **Bassin** d'**Arcach**

Lège-Cap Ferret (33950)
1, av. du Gal de Gaulle à Claouey
Tél. 05 56 03 94 49
Fax 05 57 70 31 70
info@lege-capferret.com
www.lege-capferret.com

Arès (33740)
Esplanade G. Dartiguelongue
Tél. 05 56 60 18 07
Fax 05 56 60 39 41
office-tourisme-ares@wanadoo.fr
www.ares-tourisme.com

Andernos-les-Bains (33510)
Esplanade du Broustic
Tél. 05 56 82 02 95
tourisme@andernoslesbains.fr
www.andernoslesbains.fr

Lanton (33138)
1, route du Stade - Cassy-Lanton
Tél. 05 57 70 26 55
Fax 05 57 70 27 58
tourisme-lanton@wanadoo.fr
www.tourisme-audenge-lanton.com

Audenge (33980)
24 ter, allées de Boissière
Tél. 05 56 26 95 97
Fax 05 56 26 94 91
office-tourisme-audenge@wanadoo.fr
www.tourisme-audenge-lanton.com

Biganos (33380)
Rue Jean Zay
Tél. 05 57 70 67 56 - Fax 05 57 70 67 01
accueil@otbiganos.com / www.otbiganos.com
• Point Information Halte Nautique : port de Biganos
• Point Information Vélo : gare de Facture-Biganos
Tél. 06 03 46 74 68

Arcachon (33120)
Esplanade Georges Pompidou
Tél. 05 57 52 97 97
Fax 05 57 52 97 77
tourisme@arcachon.com
www.arcachon.com

La Teste de Buch (33260)
Place Jean Hameau
Tél. 05 56 54 63 14 - Fax 05 57 73 63 52
info@tourisme-latestedebuch.fr
www.tourisme-latestedebuch.fr
• Point Information Tourisme de Pyla-sur-Mer
Rond-Point du Figuier
Tél. 05 56 54 02 22 - Fax 05 56 22 58 84
• Point Information Tourisme de Cazaux
Place du Général de Gaulle
Tél./Fax 05 56 22 91 75

Le Teich (33470)
Place Pierre Dubernet
Tél. 05 56 22 80 46
Fax 05 56 22 89 65
office-de-tourisme-le-teich@wanadoo.fr

Gujan-Mestras (33470)
Av. du Mal de Lattre de Tassigny
Tél. 05 56 66 12 65
Fax 05 56 22 01 41
otgujan@wanadoo.fr
www.ville-gujanmestras.fr

Distances en km entre Arcachon et les principales villes de France et d'Europe

	Bordeaux	Arcachon
Amsterdam	1 090	1 161
Barcelone	642	618
Berlin	1 635	1 710
Bruxelles	896	967
Genève	684	755
Londres	1 002	1 073
Madrid	694	694
Milan	998	1 068
Munich	1 265	1 336
Rome	1 486	1 541

	Bordeaux	Arcachon
Lille	809	880
Lyon	535	605
Marseille	652	707
Montpellier	489	544
Nantes	324	395
Nice	810	865
Paris	584	655
Toulouse	247	302
Bordeaux	0	65
Arcachon	65	0
Bayonne/Biarritz	185	184

BASSIN D'ARCACHON

www.bassin-arcachon.com

Découvrir le Bassin d'Arcachon

Sterne caugek.

© P.R.

© B. Ruiz / SIBA.

Le Banc d'Arguin.

Communiquant avec l'Océan par un goulet, alimenté en eau douce par l'Eyre (le seul cours d'eau d'une certaine importance drainant le plateau landais), le Bassin d'Arcachon est une véritable petite mer intérieure soumise aux marées. A l'étale de pleine mer, les eaux s'étirent sur quelque 155 km^2.

Cette lagune, qui s'est formée au cours du Quaternaire, résulte de l'action de la houle et du mouvement des sédiments littoraux qui ont transformé l'ancien estuaire de l'Eyre. Ces transformations furent lentes mais constantes. Ainsi, ce n'est qu'au Moyen Age que s'est formée l'Ile aux Oiseaux, et c'est seulement au cours des XVIIIe et XIXe siècles que la presqu'île du Cap-Ferret a pris son aspect actuel. Ces actions se poursuivent de nos jours et le Bassin d'Arcachon continue d'évoluer en permanence. Parfois, le changement est même brusque. Par exemple, il suffit d'une forte tempête pour modifier en une nuit les passes ou le banc d'Arguin.

© N.L.

Liseron des dunes.

Cette confrontation constante entre océan, vent, sable, eau douce et eau salée a créé un monde à part, un milieu unique, qui bénéficie d'un microclimat particulier. Sous l'influence déterminante de l'Océan, avec un régime équilibré des vents et des précipitations, ainsi que des amplitudes thermiques faibles d'une saison à l'autre (13 °C en moyenne), le Bassin jouit d'une douceur exceptionnelle. Les hivers y sont rarement rigoureux, les étés jamais caniculaires et la lumière à nulle autre pareille.

Ces conditions remarquables ont permis l'implantation d'une flore parfois exubérante et d'une faune variée, notamment de quelque 300 espèces d'oiseaux nicheurs ou migrateurs.

© B. Ruiz / SIBA.
Pinassotte.

Dès la Préhistoire, puis durant l'Antiquité, notamment gallo-romaine, le Bassin d'Arcachon fut un foyer de peuplement. Au Moyen Age, il s'y constitue une entité territoriale et culturelle originale, le pays de Buch, dans laquelle nombre de traditions actuelles puisent encore leurs racines. Jusqu'aux temps modernes, l'activité maritime majeure est la pêche au filet, dans le Bassin en été et en haute mer durant l'hiver. La culture des huîtres y est également pratiquée. Dans les bois, les résiniers tirent du pin la gemme qui sert à la fabrication de térébenthine, de torches, de savon, et pour l'encollage du papier. Toujours à partir du pin, il existe une production de goudrons destinés au calfatage des coques de bateau. Une partie de ces produits résineux est expédiée par la mer, à bord de barques non pontées pouvant accueillir une trentaine de tonneaux.

Huîtres. © B. Ruiz / SIBA.

Aujourd'hui, si l'activité du résinier a presque totalement disparu, la pêche est encore active avec une flotte de chalutiers qui opère dans le golfe de Gascogne. Quant à la culture des huîtres, elle s'est considérablement développée, au point de faire d'Arcachon la première « nursery » ostréicole d'Europe. Arcachon joua même un rôle de précurseur en étant le premier port français à armer des chalutiers à vapeur dans la seconde moitié du XIXe siècle.

Prés-salés à Lanton. © B. Ruiz / SIBA.

Cabanes tchanquées (sur pilotis) sur l'Île-aux-Oiseaux.

Mais l'essor du Bassin d'Arcachon est dû avant tout à la mode des bains de mer, pendant le XIXe siècle. Dès 1841, une ligne de chemin de fer relie Bordeaux à La Teste ; les Bordelais sont alors nombreux à l'emprunter pour venir se baigner et chercher la fraîcheur du bord de mer. Puis l'on s'aperçoit que le microclimat du site est bénéfique en cas d'affections pulmonaires. Emile Pereire, banquier originaire de la région et propriétaire de milliers d'hectares de pins, lotit les hauteurs d'une dune face à la lagune et fait ainsi naître la Ville d'Hiver en même temps que la ville d'Arcachon. Une opération de promotion de la station, en présence de l'empereur Napoléon III, de l'impératrice Eugénie et du prince héritier, fait du Bassin d'Arcachon une destination prestigieuse.

La villa « Vincenette » en Ville-d'Hiver.

Les riches curistes affluent du monde entier et, bientôt, l'engouement pour le site est tel que beaucoup de personnes viennent s'y installer ! Cet engouement va croissant tout au long du Second Empire et ne s'est plus démenti jusqu'à nos jours.

Au XIXe siècle, le Bassin d'Arcachon est le rendez-vous des artistes et des personnalités : Alexandre Dumas, Toulouse-Lautrec, Sarah Bernhardt y séjournent. Aujourd'hui encore, c'est un lieu de villégiature prisé des stars.

Les familles bordelaises se doivent aussi d'avoir leur pied-à-terre sur le Bassin. Il reste cependant beaucoup d'espace pour des milliers de vacanciers de France, d'Europe, du monde qui, chaque année, découvrent ce lieu magique. Ce développement s'effectue dans le respect de l'environnement naturel et humain pour que les amoureux du Bassin continuent de venir s'y ressourcer.

Choisir sa randonnée

Les randonnées sont classées par ordre de difficultés.

Elles sont différenciées par des couleurs dans la fiche pratique de chaque circuit.

très facile Moins de 2 heures de marche
Idéale à faire en famille, sur des chemins bien tracés.

facile Moins de 3 heures de marche.
Peut être faite en famille. Sur des chemins bien tracés, avec quelquefois des passages moins faciles.

moyen Moins de 4 heures de marche.
Pour randonneur habitué à la marche. Avec quelquefois des endroits assez sportifs ou des dénivelés.

difficile Plus de 4 heures de marche.
Pour randonneur expérimenté et sportif. L'itinéraire est long ou difficile (dénivelé, passages délicats), ou les deux à la fois.

Durée de la randonnée

La durée de chaque circuit est donnée à titre indicatif. Elle tient compte de la longueur de la randonnée, des dénivelés et des éventuelles difficultés.
Pas de complexe à avoir pour ceux qui marchent à « deux à l'heure » avec le dernier bambin, en photographiant les fleurs.

Quand randonner ?

■ **Automne-hiver :** les forêts sont somptueuses en automne, les champignons sont au rendez-vous (leur cueillette est réglementée), et déjà les grandes vagues d'oiseaux migrateurs animent les eaux glacées.

■ **Printemps-été :** suivant les altitudes et les régions, les mille coloris des fleurs animent les parcs et les jardins, les bords des chemins et les champs .

■ Les journées longues de l'été permettent les grandes randonnées, mais attention au coup de chaleur. Il faut boire beaucoup d'eau.

■ En période de chasse, certaines randonnées sont déconseillées, voire interdites. Se renseigner en mairie.

■ La neige peut rendre impraticables certains sentiers en hiver.

Avant de partir, il est recommandé de s'informer sur le temps prévu pour la journée, en téléphonant à Météo France : 32 50

Pour se rendre sur place

En voiture

Tous les points de départ sont facilement accessibles par la route.
Un parking est situé à proximité du départ de chaque randonnée.
Ne laissez pas d'objet apparent dans votre véhicule.

Par les transports en commun

- Les horaires des trains SNCF sont à consulter dans les gares, par téléphone au 36 35, sur Minitel au 3615 SNCF ou sur Internet : www.voyages-sncf.com
- Pour se déplacer en car, se renseigner auprès des Offices de tourisme et Syndicats d'initiative.

Où manger et dormir dans la région ?

Un pique nique sur place ?

Chez l'épicier du village, le boulanger ou le boucher, mille et une occasions de découvrir les produits locaux.

Pour découvrir un village ?

Des terrasses sympathiques où souffler et prendre un verre.

Une petite faim ?

Les restaurants proposent souvent des menus du terroir. Les tables d'hôtes et les fermes-auberges racontent dans votre assiette les spécialités du coin.

Une envie de rester plus longtemps ?

De nombreuses possibilités d'hébergement existent dans la région.

A la terrasse d'un bon coin, après la randonnée.

Où boire, manger, dormir dans la région ?	ALIMENTATION 	RESTAURANT 	CAFÉ 	HEBERGEMENT 
La Teste-de-Buch	✗	✗	✗	✗
Gujan-Mestras	✗	✗	✗	✗
Le Teich	✗	✗	✗	✗
Andernos-les-Bains	✗	✗	✗	✗
L'Herbe			✗	✗
Cap-Ferret	✗	✗	✗	✗

COMMENT UTILISER LE GUIDE PR ?

La randonnée est reportée en rouge sur la carte IGN

Rivière

Village

La forêt (en vert)

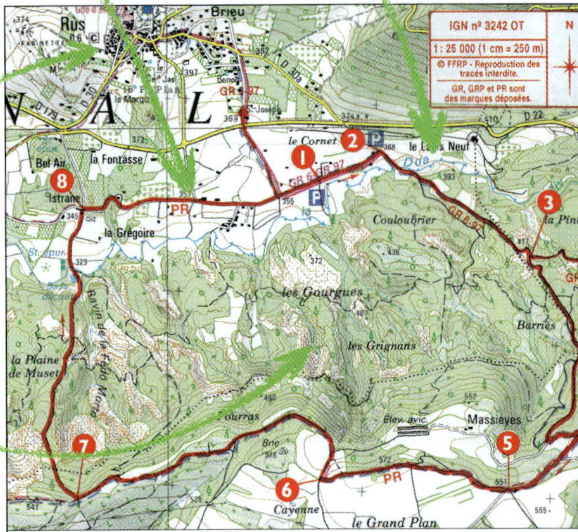

La fabrication de l'ocre

Le minerai brut d'extraction doit être lavé pour séparer l'ocre marchande des sables inertes. L'eau délaie la matière brute qui décante pendant le trajet pour ne laisser subsister que de l'ocre pur que le courant emporte dans les bassins. Après plusieurs jours de repos dans les bassins, l'eau de surface ne contient plus d'ocre. La couche d'ocre déposée au fond peut atteindre 70 à 80 cm d'épaisseur. Encore à l'état pâteux, la surface de l'ocre est griffée à l'aide d'un carrelet. Elle est ensuite découpée à la bêche et entassée en murs réguliers où les briquettes d'ocre achèvent de sécher. Le matériau part ensuite pour l'usine où s'achèvera son cycle de préparation : broyage, blutage et cuisson.

Colorado provençal. *Photo D. G.*

52

Pour en savoir plus

Nom et Numéro de la randonnée

Pour se rendre sur place

Le Sentier des Ocres

Fiche pratique 17

3 h
9 Km

572m
345m

Cet itinéraire présente le double avantage d'une découverte à la fois panoramique et intime des ocres.

Situation : Rustrel, sur la D 22 à 13 km au Nord-Est d'Apt

Parking communal de Rustrel

Balisage
1 à 3 blanc-rouge
3 à 1 jaune

Difficulté particulière
■ passages raides dans la descente sur Istrane

Ne pas oublier

1 Du parking, emprunter la route vers l'Est.

2 Dans le prochain virage à gauche, prendre à droite l'ancien chemin de Rustrel à Viens qui descend vers la Doa. Franchir le torrent. Passer à côté d'un cabanon en ruine. Un peu plus haut, le chemin surplombe un cirque de sables ocreux.

3 Laisser le GR® 6 à gauche. Plus haut le chemin surplombe le ravin de Barries et le moulin du même nom. En haut du vallon de Barries, prendre à gauche une route.

4 Au carrefour suivant, tourner à droite.

5 Après une petite ferme entourée de cèdres et de cyprès, prendre à droite le chemin qui parcourt le rebord du plateau.

6 Après une courte descente, prendre à droite. Suivre le haut du ravin des Gourgues. Ne pas prendre le prochain sentier sur la gauche. A la bifurcation suivante, prendre à gauche le sentier à peu près horizontal qui s'oriente vers l'Ouest. Un peu plus loin, longer une très longue bande de terre cultivée. Se diriger vers la colline de la Croix de Cristol.

7 Au pied de celle-ci, prendre à droite le sentier qui descend vers Istrane. *Il s'agit de l'ancien chemin de Caseneuve à Rustrel. Une éclaircie ouvre des points de vue sur les pentes ravinées de Couvin, sur la chapelle de Notre-Dame-des-Anges et sur Saint-Saturnin-lès-Apt. Au fur et à mesure de la descente, la végétation change de physionomie pour laisser place à des espèces qui affectionnent les terrains sableux.* Franchir la Doa et remonter la route jusqu'à Istrane.

8 Au croisement, prendre à droite l'ancien chemin de la poste. Passer à proximité d'une ancienne usine de conditionnement de l'ocre, puis à côté de Bouvène. Avant de regagner le point de départ, on peut remarquer le site des Cheminées de Fées (*colonnes de sables ocreux protégées par des blocs de grès*).

À voir

En chemin
■ Gisements de sables ocreux
■ Chapelle Notre-Dame-des-Anges

Dans la région
■ Roussillon : sentier des aiguilles et usine Mathieu, consacrés à l'exploitation de l'ocre.

53

Description précise de la randonnée

3 h — Temps de marche à pied
9 Km — Longueur

Classement de la randonnée :

- Très facile
- Facile
- Moyen
- Difficile

572m — Point le plus haut
345m — Point le plus bas
330m — Dénivelée cumulée à la montée

Parking

Balisage des sentiers *(voir page 11)*

Attention

Prévoir des jumelles

Prévoir une lampe de poche

Emporter de l'eau

Sites et curiosités à ne pas manquer en chemin

Autres découvertes à faire dans la région

Des astuces pour une bonne rando

■ Prenez un petit sac pour y mettre la gourde d'eau, le pique-nique et quelques aliments énergétiques pour le goûter.
Le temps peut changer très vite lors d'une courte randonnée. Un coupe-vent léger ou un vêtement chaud et imperméable sont conseillés suivant les régions.
En été, pensez aux lunettes de soleil, à la crème solaire et au chapeau.

■ La chaussure est l'outil premier du randonneur. Elle doit tenir la cheville. Choisissez-la légère pour les petites randonnées. Si la rando est plus longue, prévoyez de bonnes chaussettes.

■ Mettre dans son sac à dos l'un de ces nouveaux petits guides sur la nature qui animera la randonnée. Ils sont légers et peu coûteux. Pour reconnaître facilement les orchidées sauvages et les différentes fougères. Cela évite de marcher n'importe où et d'écraser des espèces rares ou protégées.

■ Pour garder les souvenirs de la randonnée, des fleurs et des papillons, rien de tel qu'un appareil photo.

■ Les barrières et les clôtures servent à protéger les troupeaux ou les cultures. Une barrière ouverte sera refermée.

■ Les chiens sont tenus en laisse. Ils sont interdits dans les parcs nationaux et certaines zones protégées.

SUIVEZ LE BALISAGE POUR RESTER SUR LE BON CHEMIN.

LE BALISAGE DES SENTIERS	PR®	GR®	GRP®
Bonne direction			
Tourner à gauche			
Tourner à droite			
Mauvaise direction			

Rejoignez-nous
et randonnez
l'esprit libre
Pour mieux connaître la fédération, les adresses des associations de votre département, pour tout savoir sur l'actualité de la randonnée, pour adhérer ou découvrir la collection des topo-guides.
Tout sur
www.ffrandonnee.fr
FFRandonnée
Création : Sarbacane Design

Où s'adresser ?

Comité départemental du tourisme (CDT)

Nombreux plans guide de randonnées pédestres, guides des espaces naturels sensibles édités par le Conseil Général de la Gironde, visites guidées naturalistes.

• Maison du Tourisme de la Gironde
21, cours de l'Intendance, 33000 Bordeaux,
tél. 05 56 52 61 40, e-mail : tourisme@gironde.com,
Internet : www.tourisme-gironde.cg33.fr

Offices de tourisme et Syndicats d'initiative (OT/SI)

Autour du Bassin d'Arcachon, on trouve une multitude d'activités de pleine nature : voile, parapente, golf, VTT, équitation, canoë, aqualand, location de vélo, de quad, de bateaux, ainsi que des parcs animaliers, etc. Se renseigner auprès des Offices de tourisme (voir page 2).

La Fédération française de la randonnée pédestre

• Le Centre d'Information de la Fédération
Pour tous renseignements sur la randonnée pédestre en France et sur les activités de la Fédération
64, rue du Dessous-des-Berges, 75013 Paris, tél. 01 44 89 93 93,
fax 01 40 35 85 67, e-mail : info@ffrandonnee.fr,
Internet : www.ffrandonnee.fr

• Le Comité régional de la randonnée pédestre de l'Aquitaine
18, rue André-Malraux, 33270 Floirac, tél. 05 56 40 04 22

• Le Comité départemental de la randonnée pédestre de la Gironde
Maison des sports, 153, rue David-Johnston, 33000 Bordeaux,
tél. 05 56 00 99 26, e-mail : cdrp33@neuf.fr,
Internet : www.ffrandocd33.fr

Divers

• météo département : 08 92 68 02 33
• prévisions côtières : 08 92 68 08 33
• Union des bateliers arcachonnais, 76, boulevard de la Plage, 33120 Arcachon, tél. 05 57 72 28 28,
Internet : www.bateliers-arcachon.asso.fr.
• Phare du Cap Ferret, tél. 05 56 03 94 49
• Centres médicaux :
- Clinique d'Arcachon, 109, boulevard de la Plage, 33120 Arcachon, tél. 05 57 72 26 00
- Centre hospitalier intercommunal Jean-Hameau, boulevard Louis-Lignon, 33160 La Teste-de-Buch, tél. 05 57 52 90 00
- Centre médicochirurgical Fondation Wallerstein, 14, boulevard Javal, 33740 Arès, tél. 05 56 03 87 00
- Institut de thalassothérapie, avenue du Parc, 33120 Arcachon, tél. 05 57 72 06 66

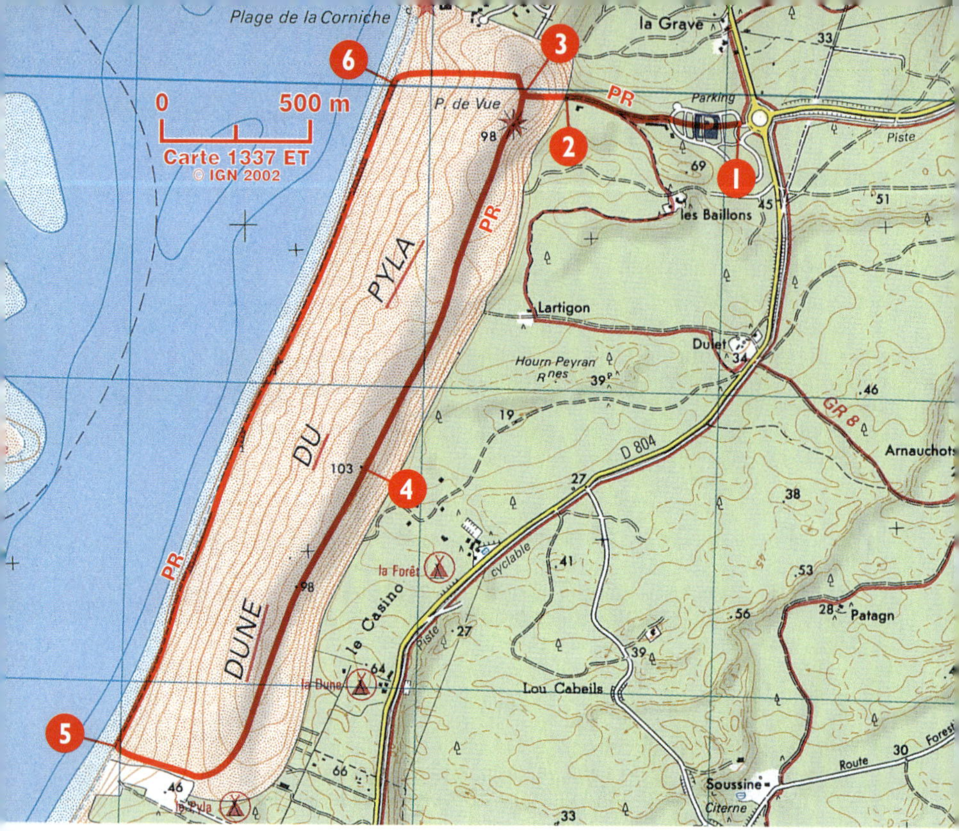

La dune du Pilat

Aux portes du Bassin d'Arcachon, la dune du Pilat se dresse, imposante. Culminant à plus de 100 m, s'étirant sur 2,7 km de longueur et large de 500 m, elle est la dune la plus haute d'Europe. Sensible aux caprices du vent, elle est en perpétuel mouvement. Chaque année, elle recule de quelques mètres sur la forêt attenante, et, suivant les vents et les saisons, son altitude varie de 2 à 3 m. Site très fréquenté, elle possède un équilibre écologique fragile. De son sommet, la vue est exceptionnelle : d'un côté, le banc d'Arguin, le Cap Ferret, l'Océan ; de l'autre une mer de pins qui semble infinie. Et lorsqu'il s'aventure vers son centre, dans certains creux où il perd l'horizon, le visiteur s'imagine être égaré dans le Grand Erg saharien…

© B. Ruiz / SIBA.

La dune du Pilat, aventure saharienne

La Grande Dune du Pilat, grand site national, invite à une traversée saharienne sur ses crêtes d'où la vue est extraordinaire. Le retour par la plage, en pied de dune, change complètement de paysage.

1 Du parking de la Dune (sanitaires, point d'eau), emprunter la route commerciale (point d'eau et cabine téléphonique).

2 Au bout de la route, gravir l'escalier de 170 marches qui permet d'atteindre la ligne de crête.

► Hors saison, grimper sur la dune par le sentier fléché

3 Gagner le premier sommet (98 m), tout proche, à gauche (sud-ouest), puis continuer pleine crête (parcours évident) jusqu'au sommet principal, à 103 m d'altitude.

Du sommet, la vue sur 360° est prodigieuse : dans l'est et le sud la forêt de pins à perte de vue ; vers l'ouest, l'océan et l'entrée du Bassin d'Arcachon, de la pointe du cap Ferret à la dune (les bancs de sable laissent des passes relativement étroites pour la navigation) ; au nord, le Bassin d'Arcachon s'étire dans toute sa majesté.

4 Descendre vers le sud-sud-ouest, toujours en crête puis, peu avant la lisière de la forêt, obliquer vers l'ouest pour atteindre la mer.

► Attention, baignade non surveillée et dangereuse : les courants peuvent être très violents.

5 Longer la plage à droite, au pied de la dune (*sur les pentes, remarquer des lignes de strates de bois fossiles témoignant du recul du sable vers les terres ; en pied de dune, l'eau de ruissellement permet à la végétation dunaire de pousser : oyat, panicaut maritime, liseron-soldanelle, gaillet des sables...*).

6 700 m avant la fin de la plage matérialisée par une digue empierrée, commencer l'ascension de la dune en direction d'un petit col visible à l'est.

3 Trouver à droite l'escalier emprunté à la montée.

2 Par la rue commerçante, rejoindre le parking.

Fiche pratique 1

3 h • 7 Km

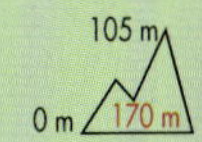

Situation : La Teste-de-Buch, à 55 km au sud-ouest de Bordeaux par les A 63, A 660, N 250 et D 259

Parking de la Dune (payant)

Balisage
aucun

Difficulté particulière
■ marche dans le sable, escalier de 170 marches (ouvert uniquement en saison) ou sentier fléché

Ne pas oublier

À voir

En chemin
■ point de vue sur la forêt landaise ■ passes et bancs de sable de l'entrée du Bassin d'Arcachon (banc d'Arguin où sur une bande herbeuse nidifient au printemps des milliers de sternes caugek)
■ pointe du cap Ferret
■ Bassin d'Arcachon et île aux Oiseaux

Dans la région
■ Arcachon : station balnéaire ■ La Teste-de-Buch : marché (jeudi, samedi et dimanche), lac de Cazaux
■ plages océanes surveillées de Petit-Nice, la Lagune et la Salie

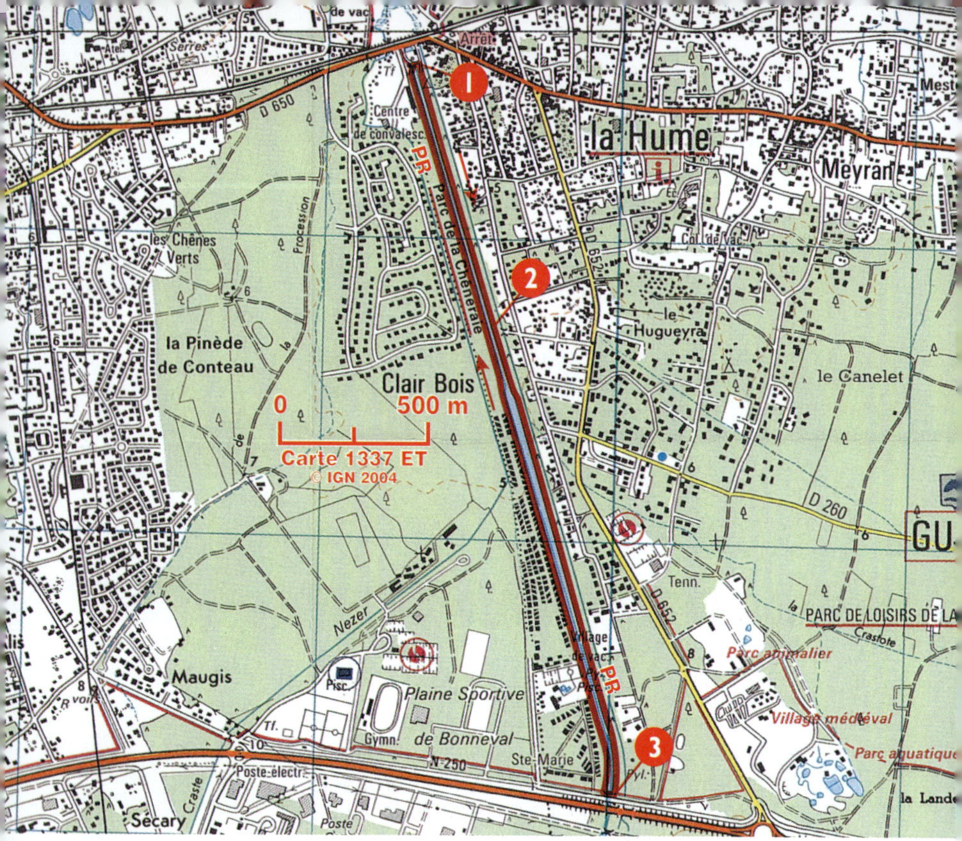

Les canaux des étangs

Le canal des Étangs.

En retrait de la côte aquitaine, les étangs de Gironde et des Landes sont célèbres. Ils apportent une touche de calme et de fraîcheur à la forêt : au nord du Bassin se trouvent les étangs d'Hourtin et Lacanau, au sud ceux de Cazaux, de Biscarrosse et plus loin d'Aureilhan. Ces plans d'eau communiquent entre eux, et avec le Bassin d'Arcachon, par des canaux.

Nantis d'écluses et rendus rectilignes par les hommes, ils régulent le niveau des étangs. Sait-on par exemple que le niveau du lac de Cazaux est à hauteur du haut du clocher de La Teste ?

C'est le long du canal des Étangs, juste avant de rejoindre le Bassin, que se déploie la chênaie. Ancien camping municipal, celle-ci est désormais rendue à la promenade familiale.

Parc de la Chêneraie, havre de paix et de fraîcheur

Le long du canal des Landes, qui permet de déverser l'eau des étangs du sud dans le Bassin d'Arcachon, la Chêneraie est un havre de paix bien connu des promeneurs locaux et qu'il fait bon parcourir en toutes saisons.

© N.L. *Osmonde royale*

► A l'entrée du parc (sanitaires, cabine téléphonique), des flèches indiquent divers circuits dont la *Boucle de la Chêneraie*, décrit ici. Derrière un Bassin assorti d'une fontaine, un belvédère permet d'apercevoir le port ostréicole de La Hume et le fond du Bassin d'Arcachon.

1 Partir côté est, en ayant le canal principal à droite et un canal secondaire à gauche (le chemin est en partie goudronné). Franchir un petit pont sur un canal de dégorgement (*les bords de l'eau sont soigneusement entretenus, c'est le royaume des canards*) et arriver au niveau d'un barrage.

► La passerelle qui surmonte le barrage permet de franchir le canal, créant ainsi un mini-parcours de moins de 2 km.

2 Poursuivre toujours par le côté est, sur 200 m (*à proximité d'une sortie du parc, des hauts fonds de sable fin bordés de nénuphars invitent à un bain de pieds ; la nature se fait plus sauvage, les osmondes royales, rares fougères buissonnantes accaparent les bords de l'eau*). Remarquer plus loin, en bord de canal, un mur en grosses pierres de taille (*vestige d'une porte d'écluse qui permettait de réguler le débit*). Le chemin est encombré de quelques racines. Les pins remplacent peu à peu les chênes. Sortir du parc et déboucher sur un ensemble routier (piste cyclable, route de service et N 650).

3 Traverser le canal pour rentrer dans le parc, côté ouest. Longer la clôture d'un ensemble de résidences de vacances, sur 1,3 km. Le terrain s'élargit ensuite et un parcours sportif Vita est installé le long du chemin. Laisser la passerelle à droite (*remarquer d'autres spécimens d'osmondes royales*) et rejoindre l'entrée du parc.

Fiche pratique 2

1 h 45
5 Km

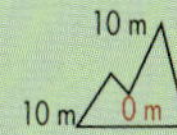

Situation : Gujan-Mestras, à 55 km au sud-ouest de Bordeaux par les A 63, A 660 (sortie La Hume), D 652 et D 650

Parking à l'entrée du parc de la Chêneraie (quartier de La Hume)

Balisage aucun

À voir

En chemin

■ canaux et bassins ■ flore (chênes centenaires, arbousiers, mimosas, osmondes royales) ■ faune (canards, aigrette garzette, héron cendré...)

Dans la région

■ Gujan-Mestras et ses sept ports ostréicoles ■ La Hume : parc des Loisirs ■ Arcachon : station balnéaire ■ dune du Pilat (la plus haute dune d'Europe)

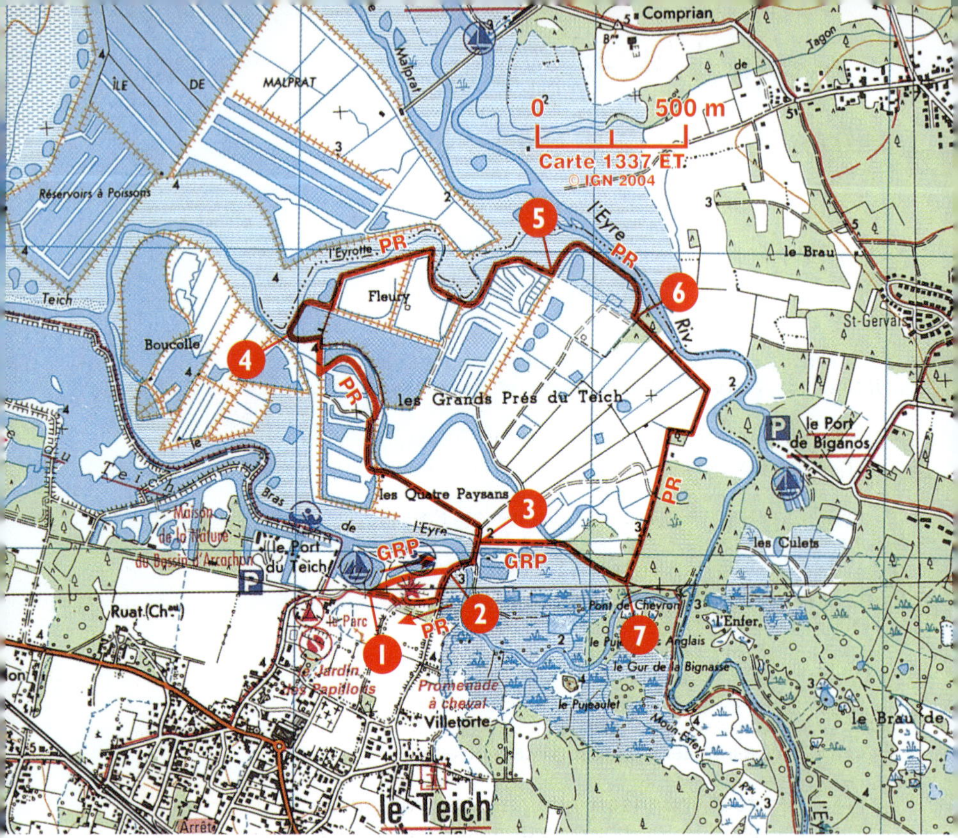

Le Parc ornithologique du Teich et le delta de l'Eyre à Biganos

Placé sur l'axe migratoire reliant l'Europe du Nord à l'Afrique, il a une importance internationale. Il est composé de milieux très différents (forêts, roselières, prairies, marais maritimes, lagunes saumâtres…). Cette variété favorise l'accueil d'une foule d'oiseaux : plus de 260 espèces utilisent les lieux toute l'année, 80 espèces sédentaires nichent sur place, 180 autres l'utilisent comme aire de nourrissage et de repos. Le parc, terminal maritime du Parc naturel régional des landes de Gascogne, est aménagé sur 120 hectares. Vingt observatoires couverts permettent d'observer les oiseaux sans les déranger. Ils sont situés à proximité de sites dédiés à une espèce donnée.

Cygne adulte et juvéniles.

© B. Ruiz / SIBA.

Le delta de l'Eyre, paradis des oiseaux

Entre les deux bras principaux de l'Eyre, rivière de la forêt landaise se jetant dans le Bassin d'Arcachon, une promenade entre terre et eau qui permet de découvrir une avifaune extrêmement variée.

1 A l'est du port du Teich, longer un Bassin de baignade artificiel (jeux, plage) et déboucher sur un chemin empierré.

2 Prendre le chemin empierré à gauche. Franchir le pont Neuf qui enjambe un bras de l'Eyre et continuer sur 50 m.

3 Au carrefour, tourner à gauche en direction du domaine de Fleury. Franchir la chicane en bois, puis s'engager sur la levée de terre qui se faufile entre deux chenaux. Traverser deux passerelles en bois, passer des bras d'eau et longer d'anciens réservoirs à poissons où évoluent cygnes et foulques.

4 Le chemin bordé de joncs et de baccharis longe l'Eyrotte (*cours d'eau reliant les deux bras de l'Eyre*) et enjambe six écluses qui alimentent les réservoirs à poissons.

5 Au carrefour (panneau *site naturel protégé de Fleury*) en bordure des grands prés du Teich (*où chèvres, moutons et chevaux paissent tranquillement*), emprunter la digue à gauche. Elle mène sur le bord de l'Eyre.

6 Au bout de la digue, après un virage à droite, le sentier passe à côté d'un réservoir d'aménagement piscicole pour la conservation des espèces (*les fils tendus au-dessus du réservoir éloignent les oiseaux prédateurs*). Le chemin bordé de chênes s'oriente au sud-est puis au sud et arrive au niveau d'un pont.

7 Laisser le pont à gauche et prendre à droite le sentier bordé de chênes sur 500 m.

3 Franchir le pont Neuf à gauche et revenir par le chemin empierré.

2 Laisser le chemin de l'aller à droite, poursuivre par le chemin empierré sur 100 m, puis tourner à droite pour contourner la butte en sciure de bois par le sud.

► Au sommet de la butte, un belvédère permet d'observer le delta de l'Eyre dans son ensemble (*en été, apprentissage au vol des cigogneaux*).

Rejoindre tout droit le parking.

Fiche pratique 3

2 h
5,5 Km

0 m
0 m 0 m

Situation : Le Teich, à 45 km sud-ouest de Bordeaux par les A 63, A 660 (sortie Le Teich), D 650E1 et D 650

Parking du port du Teich

Balisage

1 à 3 jaune-rouge
3 à 7 vert
7 à 2 jaune-rouge
2 à 1 aucun

Ne pas oublier

À voir

En chemin

■ port du Teich : butte artificielle (belvédère sur le delta de l'Eyre), Bassin de baignade (plage, jeux) ■ observation d'oiseaux (cygnes, hérons cendrés ou bihoreaux, cigognes nidifiant dans le parc ornithologique voisin, busards des roseaux, foulques), de ragondins...

Dans la région

■ parc ornithologique du Teich et boutique de l'Oiseau ■ Lamothe : relais-nature (exposition gratuite sur l'archéologie du delta de l'Eyre en été) ■ descente de l'Eyre (canoë-kayak) ■ Arcachon : station balnéaire

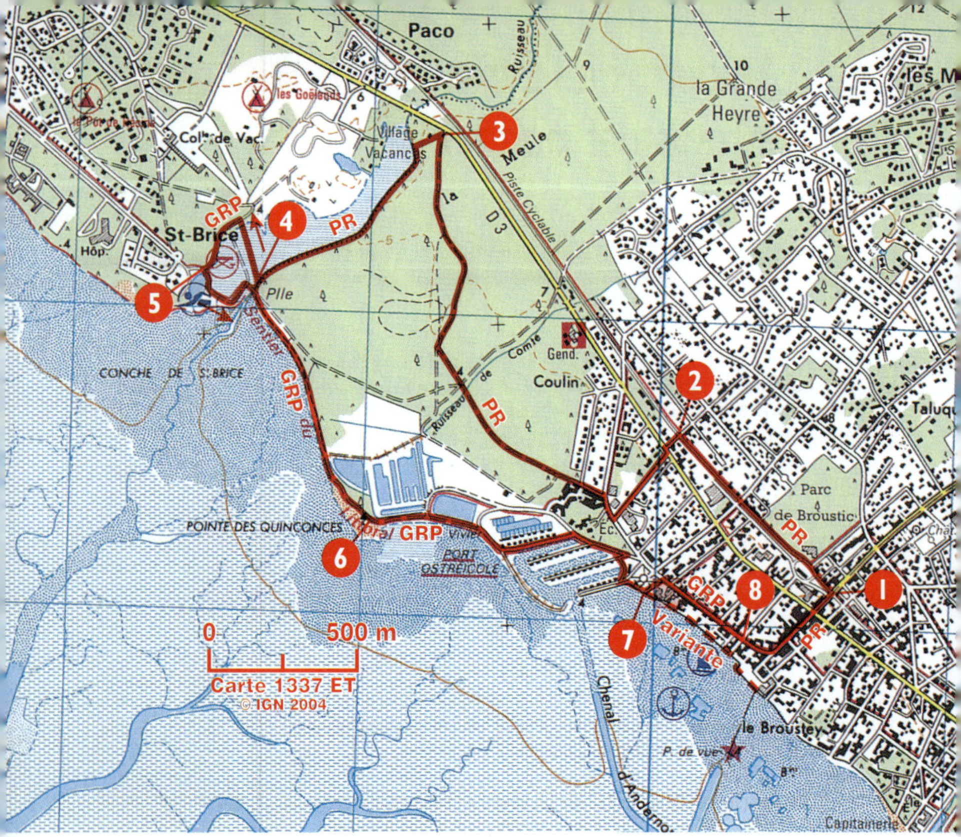

Andernos-les-Bains

A une cinquantaine de kilomètres à peine de Bordeaux, entre brises marines et senteurs boisées, Andernos-les-Bains s'offre à vous et dévoile toutes ses beautés. Ici, la vie est rythmée par le cycle des marées. C'est ce charme à nul autre pareil qu'ont probablement apprécié les hommes du paléolithique. Ils s'étaient fixés sur le site, il y a quelque 11 000 ans. Bien plus tard, les Grecs, les Ibères, les Celtes et les Romains les imitèrent. A votre tour, découvrez son immense plage bordée de pinèdes, ses réserves naturelles propices aux longues balades, ses forêts, son ambiance chaleureuse et colorée.

© B. Ruiz / SIBA.

Andernos-les-Bains, ancienne et moderne

Cité balnéaire du Bassin d'Arcachon, Andernos-les-Bains offre de vastes espaces de pinèdes et de chênaies où il fait bon se promener. L'eau, qu'elle soit ruisseau, bassin, réservoir ou port, n'est jamais bien loin, garante de fraîcheur.

1 De l'office de tourisme, emprunter la piste cyclable (*prudence*) vers la gauche (nord-ouest) et longer le parc arboré du Broustic.

2 Au deuxième carrefour, prendre la rue Antoine-Eliès à gauche, traverser la D 3 et continuer en face (décalage à gauche) par la rue de l'Abbé-Reulet. Au bout, emprunter le boulevard de la Plage à droite, puis la rue François-Mauriac à gauche et entrer dans une chênaie. Poursuivre tout droit par le chemin principal sur 1,5 km.

3 A proximité de la D 3, s'engager sur le sentier à gauche, en angle droit (ouest). Négliger les deux chemins creux à gauche pour prendre en face la sente qui épouse les méandres du ruisseau de Cirès.

4 A la passerelle en bois, tourner à droite et commencer le tour du bassin de St-Brice (*vue sur les marais, baignade*).

5 Laisser Saint-Brice à droite et achever le tour du bassin. Franchir à nouveau la passerelle et continuer par le chemin qui longe le Bassin d'Arcachon. Passer d'anciens réservoirs à poissons situés à gauche.

6 A la pointe des Quinconces, s'engager entre les réservoirs (sol sableux) et arriver au port ostréicole. Poursuivre par la route qui longe les anciennes cabanes d'ostréiculteurs transformées en restaurants à huîtres. A l'extrémité du port (troisième darse), contourner l'église Saint-Eloi par le sud, côté bassin.

► Le site archéologique d'une villa gallo-romaine jouxte l'église.

► Variante à marée basse : possibilité de rejoindre, par la plage, la jetée-promenade d'Andernos-les-Bains (*avec 232 m, elle est la plus longue de France ; point de vue remarquable sur l'ensemble du Bassin*).

7 Emprunter le boulevard de la Plage vers la droite jusqu'à la Jetée-Promenade.

8 Prendre l'avenue du Général-de-Gaulle, puis l'avenue de Bordeaux, pour retrouver l'office de tourisme.

Fiche pratique 4

2 h 20
7 Km

0 m – 0 m – 0 m

Situation : Andernos-les-Bains, à 46 km à l'ouest de Bordeaux par les D 106 et D 215

Parking de l'office de tourisme, le long du parc du Broustic

Balisage

1 à 4 jaune
4 à 5 jaune-rouge
5 à 4 jaune
4 à 8 jaune-rouge
8 à 1 jaune

À voir

En chemin

■ parc du Broustic ■ bassin de Saint-Brice (point de vue, baignade) ■ plage des Quinconces ■ vestiges d'une villa gallo-romaine et église romane Saint-Eloi ■ jetée-promenade la plus longue de France (point de vue)

Dans la région

■ parc ornithologique du Teich ■ presqu'île, phare et pointe du cap Ferret ■ plage océane du Grand-Crohot

La Villa Algérienne et sa chapelle

Il était une fois… Cette page pourrait commencer ainsi à propos de Léon Lesca. Après avoir fait fortune dans la construction des quais du port d'Alger, il participe au lancement de la station balnéaire d'Arcachon. Près du village de L'Herbe, dans un parc de 25 hectares, il fait construire en 1865 une magnifique villa d'allure mauresque baptisée Villa Algérienne, assortie d'une chapelle où le croissant se mêle à la croix. La villa a laissé la place à un ensemble résidentiel, mais la chapelle, toujours nommée la Villa Algérienne, témoigne du goût de l'époque pour l'exotisme. C'est aussi Léon Lesca qui a importé le mimosa dans la presqu'île, ce merveilleux arbrisseau qui a conquis tout le Bassin et qui illumine le paysage de ses petites boules jaunes.

© B. Ruiz / SIBA.

Dans la presqu'île du Cap Ferret, L'Herbe, village typique

Fiche pratique **5**

1 h 10
3,5 Km

15 m
0 m 15 m

Amoureusement entretenus et inscrits à l'inventaire des sites classés, les villages de L'Herbe et du Canon constituent des lieux pittoresques où se perpétue l'activité traditionnelle de la pêche et de l'ostréiculture.

1 De la chapelle de la Villa Algérienne, emprunter le boulevard de la Plage (panneau vert : *boucle des Pêcheurs*), en bordure de l'eau, sur 100 m. A l'angle du mini-golf, tourner à gauche, prendre le sentier de droite qui monte en pente douce et poursuivre tout droit. Traverser un petit parc arboré, la place du Teychan et, par l'avenue du Pelourdey, arriver dans l'avenue d'Arguin.

2 Prendre l'avenue d'Arguin à droite, puis l'allée des Graouères à droite.

3 Au rond-point, emprunter l'avenue du Canelon à gauche. Elle conduit au rond-point de l'Ile-aux-Oiseaux (*point de vue sur l'île aux Oiseaux et toute la côte sud*). Descendre par la rampe qui aboutit au port ostréicole.

4 Passer en bordure des maisons sur le perré, puis s'engager à gauche dans une venelle qui conduit à la place de l'Europe (*au fond, courte cale de mise à l'eau*). Poursuivre par l'allée de la Plage jusqu'à un petit square. Emprunter la D 106 à droite sur 50 m, tourner à droite devant le canon (*pendant la Révolution et l'Empire, par crainte d'un débarquement anglais, le Bassin d'Arcachon comptait un fort et cinq batteries dont on a retrouvé quelques canons*) et, après l'office de tourisme et la mairie, atteindre le débarcadère (*point de vue sur le Bassin d'Arcachon*).

▶ Il est recommandé de se promener dans le quartier ostréicole du Canon.

▶ A marée basse, possibilité de revenir par la plage jusqu'au port ostréicole de L'Herbe.

5 Par le même itinéraire, regagner le port ostréicole de L'Herbe.

4 Emprunter l'artère principale ou découvrir les venelles fleuries du village ostréicole en gardant la direction sud. Sortir du village, suivre la voie semi-piétonne, puis la promenade sur le perré, pour retrouver le point de départ.

Situation : L'Herbe (commune de Lège-Cap Ferret), à 60 km à l'ouest de Bordeaux par la D 106

Parking de la chapelle de la Villa Algérienne

Balisage jaune

À voir

En chemin

■ chapelle de l'ancienne Villa Algérienne ■ point de vue sur le Bassin d'Arcachon ■ ports ostréicoles de L'Herbe et du Canon

Dans la région

■ presqu'île du cap Ferret avec son double aspect côté Bassin d'Arcachon et côté océan (plage du Grand-Crohot) ■ phare du cap Ferret (vue impressionnante, spectacle audio-visuel sur l'écosystème)
■ embarcadères de Bélisaire ou du Canon (promenades en bateau)

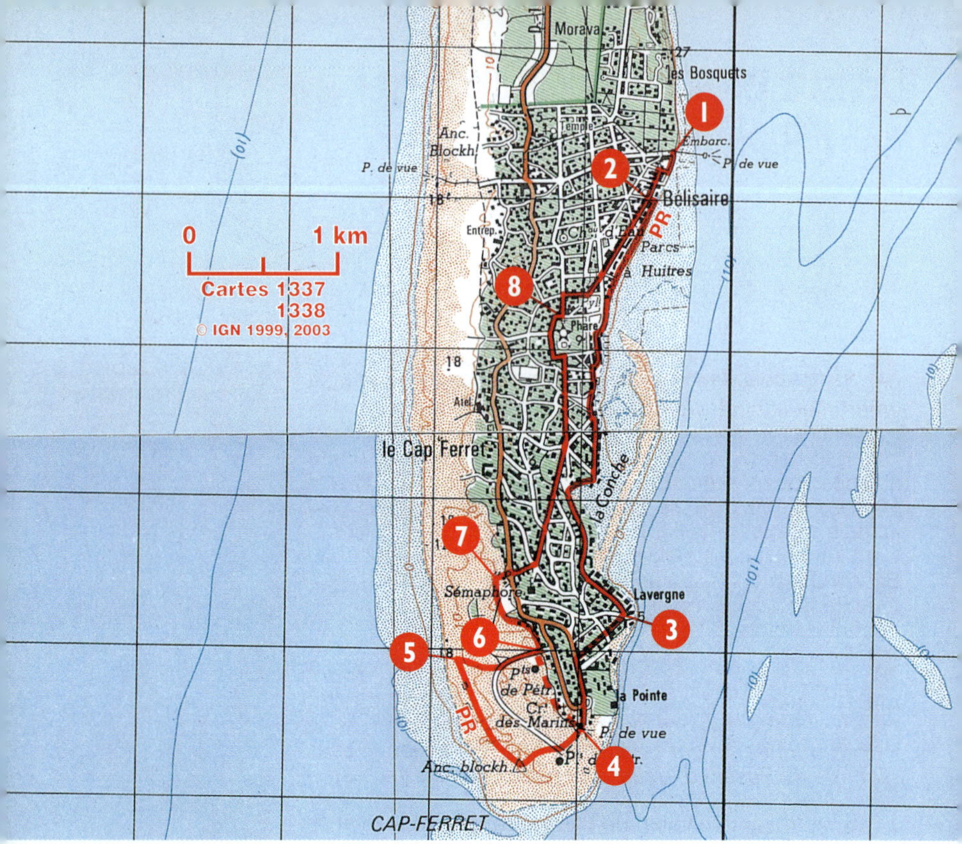

Lège-Cap Ferret, une nature étonnante

© B. Ruiz / SIBA.

La presqu'île de Lège-Cap Ferret

Entre le paisible Bassin d'Arcachon et l'Océan fougueux, entre de petites anses bordées de pins et une plage infinie de sable blond, dans les parfums de mimosa et de genêt, dans les senteurs de résine, la presqu'île de Lège-Cap Ferret égrène le long de la côte de pittoresques ports et villages : Claouey, les Jacquets, le Four, Petit Piquey, Grand Piquey, Piraillan, le Canon, l'Herbe, la Vigne, le Cap Ferret. Ici, c'est la liberté, la lumière, l'air pur et iodé, la nature. En quelques minutes, on passe de la quiétude du Bassin aux rouleaux impétueux de l'Océan, de l'animation d'une place de village au calme d'une immense forêt jalonnée de sentiers de promenades et de pistes cyclables.

La pointe du Cap Ferret, entre Bassin d'Arcachon et océan

Cette pointe a tout pour attirer la curiosité du promeneur : calme des rivages du Bassin d'Arcachon, flore et géologie des massifs dunaires, impétueux océan ourlé de déferlantes, villas cossues et commerces liés au tourisme.

1 De la jetée, suivre la promenade au sud (occupée par deux restaurants au départ). Tourner à droite, puis emprunter le boulevard de la Plage à gauche.

2 Face à l'église, rejoindre la plage à gauche et la longer à droite (*parcs à huîtres*) sur 1,2 km. Remonter vers les maisons du Village-des-Pêcheurs et le traverser plein sud jusqu'à son extrémité (*à gauche, conche du Mimbeau*). Contourner l'anse et continuer par le chemin en bordure du Bassin d'Arcachon, sur 800 m. Emprunter une courte allée à droite, puis l'avenue de la Lugue à gauche jusqu'au restaurant Hortense (*la côte subit ici une forte érosion*).

3 Dans l'avenue du Sémaphore, prendre immédiatement à gauche l'avenue empierrée. Au bout, emprunter l'avenue Est à gauche pour gagner le belvédère de la Pointe (*panorama sur la dune du Pilat et sur les passes d'entrée du Bassin d'Arcachon ourlées de déferlantes*).

► Variante par le chemin de l'Abécédaire (*circuit total de 9 km*) : Au panneau du Conservatoire du Littoral, s'engager sur le sentier qui part au nord-ouest. Longer une clôture girondine, passer près de la croix des Marins et rejoindre le circuit principal.

4 Gagner la plage au sud-ouest, puis la longer vers le nord, passer d'anciens blockhaus et poursuivre sur 100 m.

5 Quitter la plage et utiliser le chemin des dunes sur caillebotis (de mai à octobre) bordé de clôtures. Continuer par la route empierrée à gauche et longer d'anciens puits de pétrole. Déboucher sur un rond-point pavé de traverses de bois.

6 Prendre à gauche le sentier de l'Abécédaire, dans les dunes, sur 500 m et passer la lettre « R » de l'Abécédaire.

7 Prendre le sentier à droite jusqu'au rond-point de la D 106, puis se diriger vers le phare (pancartes vertes). Emprunter les avenues des Sarcelles, de la Marne, Sud-du-Phare, puis la rue des Pêcheurs et aboutir à l'entrée du phare.

8 Poursuivre par la rue de la Poste, la rue des Goélands à droite, la rue de la Forestière à gauche et le boulevard de la Plage pour retrouver la jetée-embarcadère.

Fiche pratique 6

3 h
11 Km

15 m / 0 m / 30 m

Situation : Cap Ferret, à 71 km à l'ouest de Bordeaux par la D 106 (accès possible depuis Arcachon par la ligne régulière de bateaux Arcachon-Bélisaire)

Parking de la jetée-embarcadère de Bélisaire

Balisage
aucun

À voir

En chemin

■ parcs à huîtres et village ostréicole du Phare ■ pointe du Cap Ferret ■ dunes (flore) ■ phare (visite, vue impressionnante, spectacle audio-visuel sur l'écosystème) ■ train touristique reliant Bélisaire à l'océan (en saison)

Dans la région

■ villages ostréicoles de la presqu'île du Cap Ferret ■ plages océanes surveillées du Grand-Crohot, du Truc-Vert et de l'Horizon

Comment utiliser le topo-guide

Pour comprendre la carte IGN

Courbes de niveau
Altitude • 974

Les courbes de niveau
Chaque courbe est une ligne (figurée en orange) qui joint tous les points d'une même altitude. Plus les courbes sont serrées sur la carte, plus le terrain est pentu. A l'inverse, des courbes espacées indiquent une pente douce.

- Route
- Chemin
- Sentier
- Voie ferrée, gare
- Ligne à haute tension
- Cours d'eau
- Nappe d'eau permanente
- Source, fontaine
- Pont
- Eglise
- Chapelle, oratoire
- Calvaire
- Cimetière
- Château
- Fort
- Ruines
- Dolmen, menhir
- Point de vue

D'après la légende de la carte IGN au 1 : 50 000.

Les sentiers de Grande Randonnée® décrits dans ce topo-guide sont **tracés en rouge** sur la carte IGN au 1 : 50 000 **(1 cm = 500 m)**.

Le Nord est situé en haut de la carte, ou à gauche lorsque celle-ci est basculée à l'horizontale (comme sur l'exemple ci-contre).

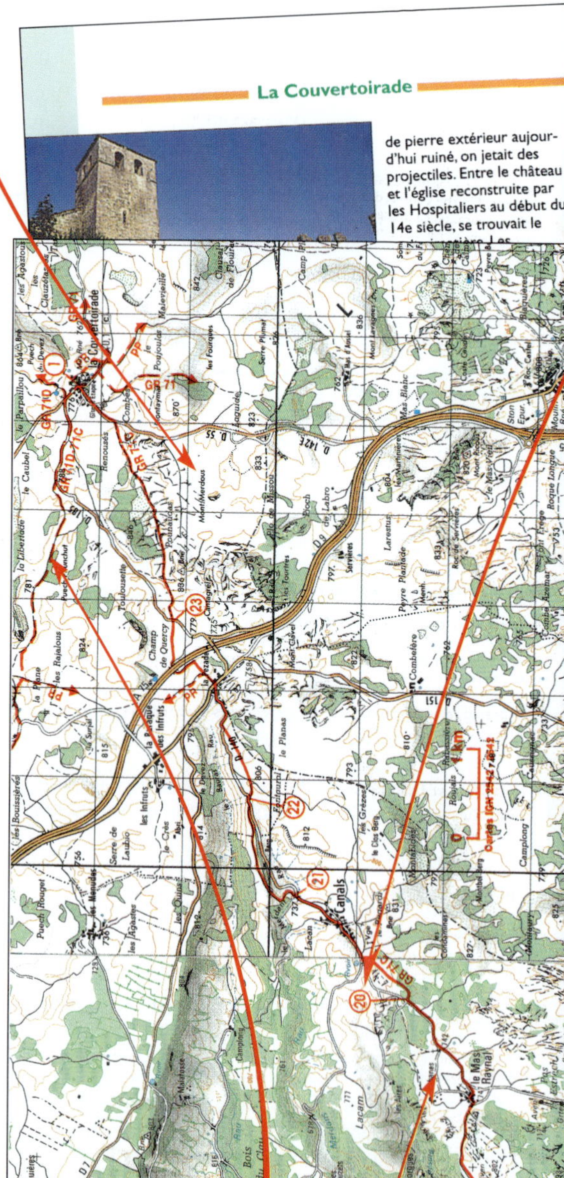

Autres sentiers de Grande Randonnée® dans la région.

Sentier décrit.

des Sentiers de Grande Randonnée® ?

Vous êtes ici

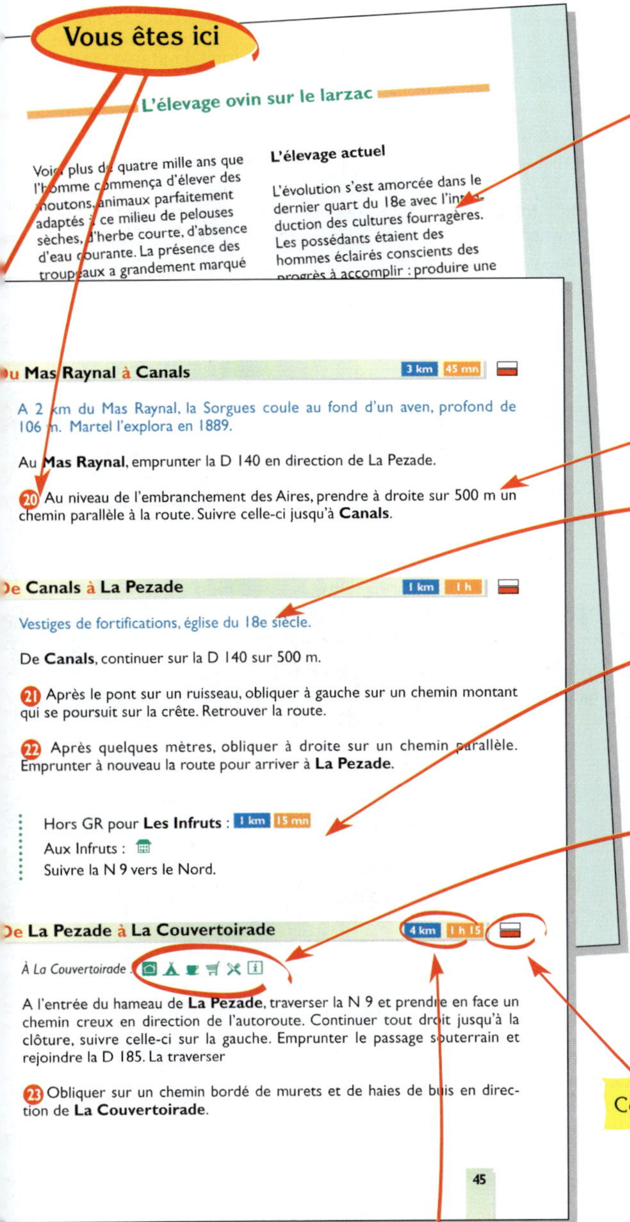

L'élevage ovin sur le larzac

Voici plus de quatre mille ans que l'homme commença d'élever des moutons, animaux parfaitement adaptés à ce milieu de pelouses sèches, d'herbe courte, d'absence d'eau courante. La présence des troupeaux a grandement marqué

L'élevage actuel

L'évolution s'est amorcée dans le dernier quart du 18e avec l'introduction des cultures fourragères. Les possédants étaient des hommes éclairés conscients des progrès à accomplir : produire une

Du Mas Raynal à Canals 3 km 45 mn

A 2 km du Mas Raynal, la Sorgues coule au fond d'un aven, profond de 106 m. Martel l'explora en 1889.

Au **Mas Raynal**, emprunter la D 140 en direction de La Pezade.

20 Au niveau de l'embranchement des Aires, prendre à droite sur 500 m un chemin parallèle à la route. Suivre celle-ci jusqu'à **Canals**.

De Canals à La Pezade 1 km 1 h

Vestiges de fortifications, église du 18e siècle.

De **Canals**, continuer sur la D 140 sur 500 m.

21 Après le pont sur un ruisseau, obliquer à gauche sur un chemin montant qui se poursuit sur la crête. Retrouver la route.

22 Après quelques mètres, obliquer à droite sur un chemin parallèle. Emprunter à nouveau la route pour arriver à **La Pezade**.

Hors GR pour **Les Infruts** : 1 km 15 mn
Aux Infruts :
Suivre la N 9 vers le Nord.

De La Pezade à La Couvertoirade 4 km 1 h 15

À La Couvertoirade :

A l'entrée du hameau de **La Pezade**, traverser la N 9 et prendre en face un chemin creux en direction de l'autoroute. Continuer tout droit jusqu'à la clôture, suivre celle-ci sur la gauche. Emprunter le passage souterrain et rejoindre la D 185. La traverser

23 Obliquer sur un chemin bordé de murets et de haies de buis en direction de **La Couvertoirade**.

45

Pour découvrir **la nature** et **le patrimoine** de la région.

Description précise du sentier de Grande Randonnée®.

Quelques infos touristiques

Le Hors GR est un itinéraire, généralement **non balisé**, qui permet de rejoindre un hébergement, un moyen de transport, un point de *ravitaillement. Il est indiqué en tirets sur la carte.*

Pour savoir **où manger, dormir, acheter des provisions, se déplacer en train ou en bus, etc.**

(voir le tableau et la liste des hébergements et commerces).

Couleur du **balisage**.

Le temps de marche pour aller de **La Pezade** à **La Couvertoirade** est de 1 heure et 15 minutes pour une distance de 4 km.

Avant de partir…

Période conseillée, météo

La période où fleurit le mimosa sera propice à des balades vers la pointe du Cap-Ferret. A la saison des nids, ou à celle des migrations, les parcours sur les digues réserveront d'heureuses surprises.

Marées : Il est important de connaître les horaires des marées, ne serait-ce que pour les changements de paysage, mais surtout parce que des parties du sentier peuvent être impraticables à haute mer. Se renseigner auprès des Offices de tourisme et Syndicats d'initiative des communes riveraines.

Météorologie : On trouvera les renseignements météorologiques :

- Météo France : tél. 32 50, www.meteo.fr

Météo-France/Départements : 08 92 68 02 33.

- Prévisions côtières du département : 08 92 68 08 33.

Attention au feu : la forêt landaise est la plus grande forêt de résineux de France et peut-être d'Europe. C'est aussi la plus vulnérable aux incendies, surtout l'été.

En conséquence, sur tous les parcours de ce topo-guide, il est absolument interdit de faire du feu. Pour les fumeurs il faut s'assurer que le mégot que l'on jette est bien éteint.

Modifications d'itinéraires

Le parcours correspond à la description qui est faite dans le topo-guide. Toutefois, dans le cas de modifications d'itinéraire, il faut suivre le nouveau balisage qui ne correspond plus alors à la description. Ces modifications sont disponibles sur demande auprès du Centre d'Information de la Fédération (voir « Adresses utiles ») ou sur le site Internet : www.ffrandonnee.fr à la rubrique Topo-guides / Mises à jour.

Se rendre et se déplacer dans la région

Sur la façade maritime du département de la Gironde, le Bassin d'Arcachon est rapidement relié à l'ensemble du territoire national et aux grandes métropoles européennes.

Par la route

A 10 : Paris-Bordeaux

A 62 : Toulouse-Bordeaux

A 63 : Biarritz-Bordeaux

Depuis Bordeaux, Arcachon est à moins d'une heure par la A 63, la A 660, et la RN 250.

Par avion

De nombreuses compagnies régionales et internationales desservent quotidiennement l'aéroport de Bordeaux mettant Paris à moins d'une heure de vol.

Informations : Aéroport international de Bordeaux-Mérignac, tél. 05 56 34 50 00, Internet : www.bordeaux.aeroport.fr

Par train (pour le Sud-Bassin)

Toute l'année, des liaisons TGV Atlantique rallient Paris à Bordeaux en 3 heures et Bordeaux à Arcachon par Train express régional (TER).

Des liaisons directes TGV Atlantique rallient quotidiennement Paris à Arcachon en moins de 4 heures.

Le TER dessert les gares de Facture-Biganos, Le Teich, Gujan-Mestras, La Hume, La Teste-de-Buch, Arcachon.

Par autocar

Lignes régulières et navettes quotidiennes :

Pour le Nord-Bassin

Réseau Trans'Gironde, tél. 05 56 43 68 43, horaires, tarifs et descriptifs des lignes sur Internet : http://horaires-transports.cg33.fr.

Pour le Sud-Bassin

Baïa, tél. 0 810 20 17 14, Internet : www.baia-cobas.fr.

Bus électrique Eho sur Arcachon (gratuit), information : mairie d'Arcachon, tél. 05 57 52 98 98.

Par bus de mer

L'Union des Bateliers Arcachonnais (UBA) assure des navettes maritimes, appelées « Transbassin », tél. 0 825 16 33 16, Internet : www.bateliers-arcachon.com.

Hébergements, restauration, commerces et services

• Arcachon (33120)
- Arc Hôtel sur Mer ****, 30 chambres, tél. 05 56 83 06 85.
- Aquamarina ***, 33 chambres, tél. 05 56 83 67 70.
- Grand Hôtel Richelieu***, 43 chambres, ouvert du 17/03 au 04/11, tél. 05 56 83 47 78.
- Hôtel du Parc ***, 30 chambres, ouvert du 01/05 au 30/09, tél. 05 56 83 10 58.
- Les Vagues ***, 30 chambres, restauration, tél. 05 56 83 03 75.
- Novotel Thalassothérapie ***, 94 chambres, restauration, tél. 05 57 72 06 72.
- Park Inn ***, 57 chambres, tél. 05 56 83 99 91.
- Point France ***, 34 chambres, ouvert du 08/03 au 06/11, tél. 05 56 83 46 74.
- Roc Hôtel ***, 32 chambres, ouvert du 01/04 au 20/10, tél. 05 57 72 48 48.
- Hôtel Moderne **, 17 chambres, ouvert du 01/04 au 30/10, tél. 05 57 72 48 48.
- Inter Hôtel le Nautic **, 44 chambres, tél. 05 56 83 01 48.
- Kyriad Hôtel de la Plage **, 53 chambres, tél. 05 56 83 06 23.
- La Pergola **, 20 chambres, ouvert du 01/04 au 30/10, tél. 05 56 83 07 89.
- Lamartine **, 31 chambres, ouvert du 01/04 au 31/12, tél. 05 56 83 95 77.
- Le Bordeaux **, 14 chambres, restauration, tél. 05 56 83 80 30.
- Le Dauphin **, 50 chambres, tél. 05 56 83 02 89.
- Le Novel **, 22 chambres, tél. 05 56 83 40 11.
- Les Buissonnets **, 13 chambres, tél. 05 56 54 00 83.
- Les Mimosas **, 21 chambres, ouvert du 15/02 au 15/11, tél. 05 56 83 45 86.
- Marinette **, 23 chambres, ouvert du 15/03 au 05/11, tél. 05 56 83 06 67.
- Orange Marine **, 21 chambres, restauration, tél. 05 57 52 00 80.
- Yatt Hôtel **, 28 chambres, ouvert du 22/03 au 03/11, tél. 05 57 72 03 72.
- Le Provence, 8 chambres, restauration, tél. 05 56 83 10 78.
- La République, 7 chambres, restauration, ouvert du 01/02 au 30/12, tél. 05 57 52 12 35.
- Le Saint Christaud, 12 chambres, restauration, tél. 05 56 83 38 53.
- Chambres d'hôtes : Baboulene-Chaplaud tél. 05 56 83 42 92, Baron tél. 05 56 83 40 53, Bourdier tél. 05 56 83 99 75, Duchez tél. 05 56 83 42 87, Lartigue tél. 05 56 54 57 40,Lenoury tél. 05 56 54 72 09, Lesgourgues tél. 06 72 81 73 45, Roche tél. 05 57 52 21 07, Schall tél. 05 56 83 45 62, Tardif tél. 05 56 83 46 52, Watine tél. 05 56 54 57 14.
- Camping : Camping Club d'Arcachon ***, location chalets, tél. 05 56 83 24 15.

• Le Pyla-sur-Mer (33115) (accès)
- Côte du Sud **,8 chambres, restauration, ouvert du 01/02 au 01/12, tél. 05 56 83 25 00.
- Etche Ona**, 14 chambres, restauration, tél. 05 56 22 72 18.
- La Corniche **, 15 chambres, restauration, ouvert 01/04 au 30/11, tél. 05 56 22 72 11.
- La Guitoune **, 19 chambres, restauration, ouvert du 01/04 au 17/11, tél. 05 56 22 20 00.
- Maminotte **, 12 chbres, tél. 05 57 72 05 05.
- Ttiki Etchea **, 28 chambres, ouvert d'avril à octobre, tél. 05 56 22 71 15.
- Chambres d'hôtes : Châtillon tél. 05 56 22 71 21.
- Campings : La Dune ***, location de chalets, tél. 05 56 22 72 17, La Forêt ***, location de chalets, tél. 05 56 22 73 28, Le Petit Nice ***, location de chalets, tél. 05 56 22 74 03, Panorama ***, location de chalets, tél. 05 56 22 10 44, Pyla Camping ***, location de chalets, tél. 05 56 22 74 56.

• La Teste-de-Buch (33260)
- Hôtel de France, 15 chambres, tél. 05 56 66 27 69.
- Ibis Courtepaille **, 75 chambres, restauration, tél. 05 57 15 20 00.
- Altica Arcachon Marines, 46 chambres, tél. 05 57 52 06 50.
- Altica La Teste Sud, 46 chambres, tél. 05 57 52 52 17.
- Hôtel du Centre, 6 chambres, restauration, tél. 05 57 15 11 11.
- Chambres d'hôtes : Cazenave tél. 05 56 66 31 13, Fabre tél. 05 56 54 07 53, Labat tél. 05 56 54 32 46, Lance tél. 06 61 10 51 00, Levrault tél. 05 56 66 83 54, Moreno tél. 05 56 66 57 54, Ramond tél. 05 56 66 62 73.

• La Hume (33470)
- Chambre d'hôte, Baudin tél. 05 56 66 23 23, Cretot-Fonvielle tél. 05 56 66 91 01, Eschbach tél. 05 56 66 91 74.
- Camping Le Verdale**, ouvert du 01/05 au 30/09, tél. 05 56 66 12 62, camping ATC, location de chalets, du 28/04 au 23/09, fax. 05 56 66 12 24.

• Gujan-Mestras (33470)
- La Guérinière ***, 25 chambres, restauration, tél. 05 56 66 08 78.
- La Coquille, 22 chambres, restauration, tél. 05 56 66 08 60.
- Chambres d'hôtes : Duault-Legendarme tél. 05 56 66 35 13, Frilay tél. 05 56 66 43 38, Lamarque tél. 05 56 66 50 30, Mouras tél. 06 56 66 29 15.

• Le Teich (22470)
- Le Central, 11 chambres, restauration, tél. 05 56 22 65 64.
- Camping : Ker Helen ***, location de chalets, tél. 05 56 66 03 79.

• Biganos (33380)
- Hôtel du Delta **, 21 chambres, restauration, tél. 05 56 82 62 84.
- Hôtel de France *, 17 chambres, restauration, tél. 05 56 82 61 08.
- Hôtel Le Terminus, 9 chambres, restauration, tél. 05 56 82 11 36.
- Chambres d'hôtes : Dubois, tél. 06 12 40 21 40, Dupin, tél. 05 57 70 60 50, Joseph, tél. 06 11 04 99 24, Rouger, tél. 05 57 70 64 02.
- Camping : Le Marache Vacances **, location de chalets, ouvert du 01/03 au 31/10, tél. 05 57 70 61 19.

• Audenge (33980)
- Chambre d'hôtes : Renaud-Hougueyra, tél. 05 56 26 98 94.
- Campings : Le Braou**, location de chalets, ouvert du 01/04 au 30/10 tél. 05 56 26 90 03.

• Lanton (33138) (hors GR)
- Hôtel de la Plage **, 17 chambres, restauration, tél. 05 56 82 06 01.
- Village Hôtel Océana, 23 chambres, restauration, ouvert du 01/04 au 31/10, tél. 05 56 82 06 20.
- Chambre d'hôtes, Cauet, tél. 05 57 70 75 84, Desqueyroux, tél. 05 56 82 89 09, Sulista tél. 05 56 82 83 15.
- Campings : Le Coq Hardi ***, location de chalets, ouvert du 22/04 au 18/09 tél. 05 56 82 01 80, Le Roumingue ***, location de chalets, tél. 05 56 82 97 48.

• Andernos-les-Bains (33510)
- Hôtel de la Côte d'Argent **, 10 chambres, tél. 05 56 03 98 58.
- La Belle Vie **, 15 chambres, tél. 05 56 82 02 10.
- Auberge Le Chêne, 4 chambres, restauration, tél. 05 56 82 05 10.
- Le Mauret, 14 chambres, restauration, tél. 05 56 82 22 70.
- L'Etoile, 8 chambres, restauration, tél. 05 56 82 00 29.
- Chambres d'hôtes : Alleno tél. 05 56 82 31 81, Braconnier, tél. 05 56 26 99 58, Corrette, tél. 05 57 70 28 34, Cozic Lamaison, tél. 05 56 82 39 87, Farres tél. 05 57 70 27 16, Fauze, tél. 06 06 50 58 41, Lebosse, tél. 05 56 82 54 58Malfere, tél. 05 56 82 04 46, Mansincal tél. 05 56 82 44 55, Martinez, tél. 05 56 82 03 21, Pambrun, tél. 05 56 82 19 43, Pla, tél. 05 57 17 10 40, Rouget, tél. 05 56 26 96 19.
- Campings : Fontaine Vieille ***, location de chalets, ouvert du 01/04 au 30/09 tél. 05 56 82 01 67, Camping Les Arbousiers**, location de chalets, ouvert du 01/03 au 30/11, tél. 05 56 82 12 46.

• Arès (33740)
- Le Colibri **, 32 chambres, tél. 05 56 60 22 46.
- Le Grain de Sable **, 14 chambres, tél. 05 56 60 04 50.
- La Petite Auberge *, 7 chambres, tél. 05 56 60 37 81.
- Le Saint Eloi, 8 chambres, restauration, tél. 05 56 60 20 46.
- chambres d'hôtes, Bornet, tél. 05 56 82 20 89, Dumas, tél. 05 56 60 08 15, Murati tél. 05 56 60 07 14, Urtizverea, tél. 05 56 82 43 68.
- Campings : La Canadienne ****, location de chalets, ouvert du 01/02 au 30/11 tél. 05 56 60 24 91, La Cigale ***, location de chalets, ouvert du 04/05 au 30/09, tél. 05 56 60 22 59, Les Abberts ***, location de chalets, ouvert du 15/03 au 15/10 tél. 05 56 60 26 80, Les Goelands ***, location de chalets, ouvert du 01/03 au 30/10, tél. 05 56 82 55 64, Pasteur ***, location de chalets, ouvert du 15/05 au 15/10 tél. 05 56 60 33 33, Le Pot de Résine **, location de chalets, ouvert du 15/06 au 15/09 tél. 05 56 60 25 31, Les Ecureuils **, location de chalets, tél. 05 56 26 09 47.

• Claouey (33950 Lège-Cap Ferret) (variante)
- Le Relais du Cap; 8 chambres, restauration, tél. 05 56 60 70 48.
- Campings : Airotel Les Viviers ****, location de chalets, ouvert du 31/03 au 30/09 tél. 05 56 60 70 04, Les Embruns **, ouvert du 19/02 au 31/12 tél. 05 56 60 70 76, Les Pastourelles * ouvert du 19/02 au 03/12 tél. 05 56 60 70 61.

• Piraillan-Forêt (33950)
- Camping : Le Truc Vert **** ouvert du 01/05 au 30/09, tél. 05 56 60 89 55.

• Le Canon (33950 Lège-Cap Ferret) (diverticule)
- Hôtel «La Villa du Cap», tél. 05 56 03 51 70.
- Chambres d'hôtes : Poole, tél. 05 56 60 79 19, Prévot tél. 05 56 60 85 10.

• L'Herbe (33950 Lège-Cap Ferret) (hors GR)
- Hôtel de la Plage, 10 chambres, restauration, ouvert du 10/02 au 31/12, tél. 05 56 60 50 15.

• Cap-Ferret (33950 Lège-Cap Ferret)
- Hôtel des Dunes ***, 14 chambres, ouvert du 10/02 au 31/12, tél. 05 56 60 61 81.
- Hôtel des Pins **, 14 chambres, restauration, ouvert du 16/02 au 01/01, tél. 05 56 60 60 11.
- La Frégate **, 29 chambres, ouvert du 03/02 au 25/11, tél. 05 56 60 41 62.
- Le Pavillon Bleu **, 12 chambres, restauration, ouvert 09/02 au 30/10, tél. 05 56 60 65 48.
- Sporting La Vigne **, 12 chambres, ouvert du 01/03 au 30/11, tél. 05 56 60 55 18.
- Hôtel du Cap, 13 chambres, restauration, tél. 05 56 60 60 60.
- La Maison du Bassin, 7 chambres, restauration, ouvert du 03/02 au 31/12, tél. 05 56 60 60 63.
- L'Océane, 12 chambres, ouvert du 10/01 au 15/12, tél. 05 56 60 68 13.
- Chambres d'hôtes : Archambault tél. 05 56 60 66 78, Chez Annie tél. 05 56 60 66 25, Pulon tél. 05 56 03 72 33.
- Camping : La Pampa ** ouvert du 01/07 au 31/08 tél. 05 56 60 62 53.

Mise à jour permanente sur : www.gites-refuges.com, le site des hébergements pour toutes les randonnées, issu du guide *Gîtes d'étapes et Refuges* (A. et S. Mouraret).

▶ Pour faciliter la lecture du tableau ci-dessus, les communes sont citées dans le sens du parcours décrit dans le topo-guide. Pour calculer la durée d'une étape, il suffit d'additionner les chiffres de la colonne de gauche et d'ajouter, si votre lieu d'hébergement se situe hors GR, le temps figurant entre parenthèses.

km	LOCALITÉS / RESSOURCES	Pages	Hôtel	Chambre d'hôte	Camping	Ravitaillement	Restaurant	Cafés	OT/SI	Car	Gare
	ARCACHON GR® 8	33	•	•	•	•	•	•	•	•	•
7	LA TESTE-DE-BUCH	33	•	•	•	•	•	•	•	•	•
0	▶ PYLA-SUR-MER (accès, à 7 km)	37	•	•	•	•	•	•	•	•	
4	LA HUME	37		•	•	•	•	•	•	•	•
5,5	GUJAN-MESTRAS	39	•	•		•	•	•		•	•
7	LE TEICH	41	•	•	•	•	•	•	•	•	•
6,5	BIGANOS	41	•	•	•	•	•	•	•	•	•
6	AUDENGE	47		•	•	•	•	•	•	•	
12,5	▶ LANTON (hors GR, à 800 m)	49	•	•	•	•	•	•	•	•	
9	ANDERNOS-LES-BAINS	51	•	•	•	•	•	•	•	•	
5	ARÈS	53	•	•	•	•	•	•	•	•	
2	▶ CLAOUEY (par variante, à 4 km)	55	•		•	•	•	•	•	•	
11	▶ LE PIQUEY (par diverticule, à 3 km)	57				•	•	•		•	
1,5	LE TRUC-VERT	57			•						
1	▶ PIRAILLAN (par diverticule, à 2 km)	57			•						
0	▶ LE CANON (par diverticule, à 2 km)	57	•	•		•	•	•	•	•	
2,5	▶ L'HERBE (hors GR, à 1 km)	57	•					•			
4	CAP-FERRET	61	•	•	•	•	•	•	•	•	

Hôtel — Chambre d'hôte — Ravitaillement — Car — OT/SI — Camping — Restaurant — Cafés — Gare — Distributeurs de billets *

* ne figure que dans le descriptif.

0 1 km
Cartes 1337
1338
© IGN 1999, 2003
BASSIN D'ARCACHON
RADE D'EYRAC
ARCACHON
LA TESTE-DE-BUCH
Chenal du Teychan
Chenal du Passant
Chenal de Gujan
PORT DE PLAISANCE
les Prés Salés
PORT DE LA TESTE
le Grand Large
Bordes
GRP
Montagnette
les Miquelots
Aigue Marine

L'itinéraire

Le sentier GR® de Pays

Tour du Bassin d'Arcachon

▶ Le *Tour du Bassin d'Arcachon* utilise un GR® de Pays et le GR® 8.

D'Arcachon à La Teste-de-Buch

7 km | 1 h 45

A Arcachon :

A La Teste-de-Buch :

1 De la jetée Thiers, à **Arcachon**, suivre vers l'ouest la contre-allée du boulevard Gounouilhou sur 200 m, traverser la place Carnot à gauche, puis emprunter la rue du Maréchal-de Lattre-de-Tassigny jusqu'à l'ascenseur qui monte au parc Mauresque.

2 Monter par la rampe de droite, traverser la route et entrer dans le parc par le portail de droite. Sur le terre-plein, emprunter le deuxième chemin à droite et franchir le portail de sortie. Prendre en face le chemin qui mène à la passerelle et à l'observatoire (*ouvert de 9 à 19 h ; vue sur le Bassin d'Arcachon*). Partir à l'ouest pour suivre l'allée Alexandre-Dumas à gauche, puis à droite l'allée Pasteur. Parcourir à gauche l'allée Sully, puis descendre par l'allée Brémontier jusqu'à la place Brémontier (*bronze de cet ingénieur des Ponts et Chaussées qui a entrepris dès 1875 l'ensemencement des dunes du littoral*).

3 Appuyer à gauche pour s'engager dans l'allée des Dunes qui conduit à la place Fleming (*kiosque à musique au centre*). A l'extrémité de la place, tourner à droite, puis à gauche pour utiliser le chemin empierré puis la petite route qui conduit au club hippique.
A droite, gravir le raidillon dunaire sableux (*ancienne piste de ski sur aiguilles de pins*). Se diriger vers le château d'eau à gauche, le contourner par le sud, poursuivre sur 80 m, puis emprunter à droite le chemin sableux qui descend en pente douce sur 100 m. Traverser le pare-feu, prendre en face le chemin sur 100 m et atteindre un virage à angle droit.

4 Tourner à gauche et suivre le circuit indiqué *Camicas-parking-1,2km.* Continuer par le chemin du Forestier (*panneaux sur la forêt*). A une patte d'oie, après avoir longé sur 80 m le golf international d'Arcachon, emprunter, au milieu, le chemin de la Cigale sur 1 km environ.

5 Au carrefour, s'engager à droite sur le chemin des Bâtisseurs (*panneaux sur l'histoire du pays de Buch*). Continuer tout droit par le chemin goudronné des Prés-Tremblants sur 400 m. Après une courbe, arriver près de la N 250 par la piste cyclable (*prudence*) et poursuivre à droite par le boulevard du Pyla.

6 Prendre à gauche la rue du Bois-de-Rome. Au talus routier, tourner à gauche, franchir le pont sur la N 250 et se diriger vers le clocher. Passer le marché, longer l'église Saint-Vincent (*ancienne chapelle du château des captals de Buch*) et poursuivre en face par la rue Victor-Hugo jusqu'à la place Jean-Hameau, à **La Teste-de-Buch.**

De sable, d'eau et de vent

Ces trois mots suffisent à qualifier notre terre du pays de Buch. Vers la fin du Quaternaire, à l'apparition de l'Homme, une formation géologique, allant de l'estuaire de la Gironde jusqu'à l'Adour, s'est développée et a reçu le nom spécifique de Sable des Landes. Ce sable est composé de grains de quartz quasiment sphériques d'un diamètre moyen de 0,3 millimètres. Il est donc susceptible de « glisser » d'un point à un autre pour peu que les vents le poussent.

Les vents ici sont généreux, tantôt zéphyrs, ou bien tempêtes dont le Golfe de Gascogne a le secret.

Quant à l'eau, elle est double : il y a d'abord la mer qui, toutes les six heures, envahit le Bassin d'Arcachon puis, un peu honteuse, se retire aussitôt laissant à nu d'immenses bancs de sable. Il y a aussi l'eau de l'Eyre et des canaux qui y déversent le trop-plein des étangs. Ainsi, tant que ces eaux s'écouleront dans l'immense delta que constitue le Bassin d'Arcachon, l'eau trouvera son chemin vers la mer, créant les célèbres passes du Bassin.

Les acteurs sont en place, il ne reste plus qu'à imaginer une tempête ! La marée descendante, s'opposant aux vents de secteur ouest, brasse par sa houle des millions de tonnes de sable mis à sec à mer basse. Puis le vent prend le relais, se renforce à la montée des dunes côtières, et déplace ainsi le sable vers l'intérieur des terres. En s'accumulant, il prend des formes géométriques auxquelles on a donné les noms de dunes paraboliques (ouverture tournée au vent) ou de barkhanes (dos tourné au vent), tout ceci présentant des variations d'altitude de 20 à 40 mètres, et étant mobile à souhait. Ici, l'homme est intervenu en la

Le Banc d'Arguin.

personne de Brémontier, ingénieur français qui, pour absorber l'eau des marécages landais et pour fixer les dunes, entreprit de planter des pins... La forêt landaise était née et les dunes fixées, créant des zones très diversifiées et beaucoup moins plates que la Nationale 10 ne le laisse supposer.

Mais revenons au Bassin, aux dunes côtières et aux tempêtes. La grande dune du Pilat, classée au patrimoine mondial, est probablement née il y a quelque 10 000 ans, le sable ayant été arrêté par une forêt de pins sylvestres, de noisetiers et de bouleaux (connaissances obtenues suite à un examen du pollen des paléosols). Au gré de l'évolution du climat, le sable est monté pour atteindre 120 mètres au début du XXe siècle ; actuellement le niveau varie de 104 à 107 mètres. De manière concomitante, la pointe du Cap Ferret, sous l'influence du Noroît (vent du nord-ouest), poursuit inexorablement son avance vers le sud, s'accompagnant d'ensablement de villas, mais aussi, paradoxalement, d'effondrements de terrain côté Bassin. Entre la dune et la pointe du Ferret, le banc d'Arguin joue sans nul doute un rôle prépondérant, servant de point de rebond au sable pour atteindre les dunes du Pilat et des Gaillouneys. Ce banc qui garde curieusement une partie herbeuse (sûrement parce que les sternes caugek ont pris l'habitude de venir y nicher), est en perpétuelle évolution et offre chaque année à travers ses lagunes multicolores un nouvel aspect à ses admirateurs.

Quels que soient les caprices de Dame Nature, le sable, l'eau et le souffle des brises thermiques de l'été façonnent l'ensemble des plages de sable fin d'Aquitaine, où la douceur de vivre est une agréable réalité.

© B. Ruiz / SIBA.

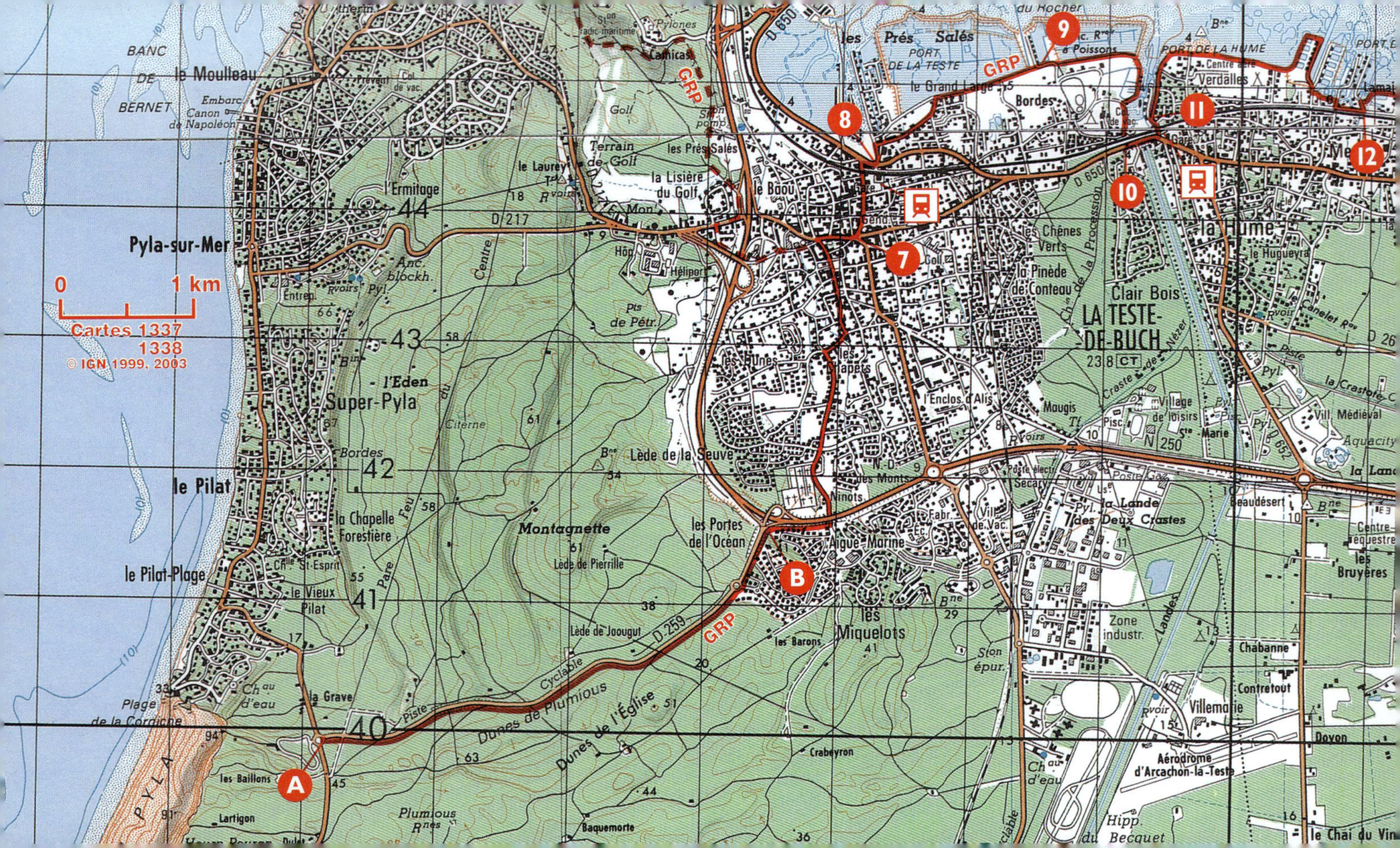

BANC DE BERNET
le Moulleau
Pyla-sur-Mer
le Pilat
le Pilat-Plage
Super-Pyla
l'Eden
l'Ermitage
la Chapelle Forestière
Montagnette
Lède de Pierrille
Lède de Jaougut
Lède de la Seuve
les Portes de l'Océan
Dunes de Plumious
Dunes de l'Église
Plage de la Corniche
les Baillons
Lartigon
Baquemorte
Crabeyron
Terrain de Golf
la Lisière du Golf
les Prés Salés
Golf
Cahicas
le Baou
les Chênes Verts
la Pinède de Conteau
Clair Bois
LA TESTE-DE-BUCH
l'Enclos d'Alis
Aigue-Marine
les Miquelots
les Barons
la Lande des Deux Crastes
Zone industr.
Chabanne
Contretout
Villemarie
Aérodrome d'Arcachon-la-Teste
Hipp. du Becquet
le Chai du Vin
les Bruyères
la Hume
le Huqueyra
Verdalles
PORT DE LA HUME
PORT DE LA TESTE
le Grand Large
Bordes
les Prés Salés
Vill. Médiéval
Aquacity
Village de loisirs
GRP
D 217
D 259
D 650
D 652
N 250
0
1 km
Cartes 1337
1338
© IGN 1999, 2003
A
B
7
8
9
10
11
12

▶ Avant d'entreprendre le tour du Bassin d'Arcachon, la montée sur la dune du Pilat est vivement recommandée (*panorama sur l'ensemble du circuit : le Bassin d'Arcachon et la forêt*).

Accès depuis la dune du Pilat : 7 km 1 h 50

A Pyla-sur-Mer :

A De l'entrée du parking de la **dune du Pilat**, traverser le rond-point et emprunter la piste cyclable vers l'est, sur 3 km. Après un rond-point important, se diriger vers le passage supérieur qui enjambe la N 250.

B Avant le pont, descendre à droite par la piste cyclable, puis passer à gauche sous la N 250. Emprunter la rue Jean-Larrieu puis la rue Gustave-Loubé. Au bout, prendre la rue des Alliés à droite, la rue Pierre-Larrieu à gauche et continuer par la rue Françon. Suivre la rue du 14-Juillet à gauche, se faufiler entre l'hôtel de ville et la place Gambetta pour rejoindre l'église, puis tourner à droite pour gagner la place Jean-Hameau et trouver le circuit principal, à **La Teste-de-Buch**.

De La Teste-de-Buch au port de La Hume

4 km 1 h

A La Hume :

7 Au bout de la place Jean-Hameau, à **La Teste-de-Buch**, prendre la rue du Port.

Dans le petit parc, buste de Jean Hameau (1778-1851), modeste médecin de campagne, génie clairvoyant et déductif qui naquit et exerça à La Teste-de-Buch. Il analysa les maladies virales et la pellagre (maladie endémique dans les Landes). On le considère comme un précurseur de Pasteur.

Franchir le passage à niveau, prendre la deuxième rue à droite et traverser la D 650.

8 Derrière le restaurant du Port, emprunter l'avenue des Huttiers, puis suivre à droite la digue intérieure qui longe les prés salés. Passer devant le moulin de Bordes (*édifié en 1750 ; sa tour est le seul témoin des moulins à vent d'antan*).

9 Laisser à gauche le port du Rocher (*inauguré le 17 avril 1978*) et poursuivre vers l'est par la route sur 100 m. Dans le virage, retrouver la digue. Au bout, prendre à droite le sentier qui longe (rive ouest) la plage et le port de La Hume. A la sortie, emprunter la route à gauche et passer sous le petit pont de la voie ferrée.

10 Prendre à gauche le trottoir de la D 650 et arriver au parking de la gare de La Hume.
Traverser la voie ferrée par les portillons pour aboutir au **port de plaisance de La Hume** (commune de Gujan-Mestras).

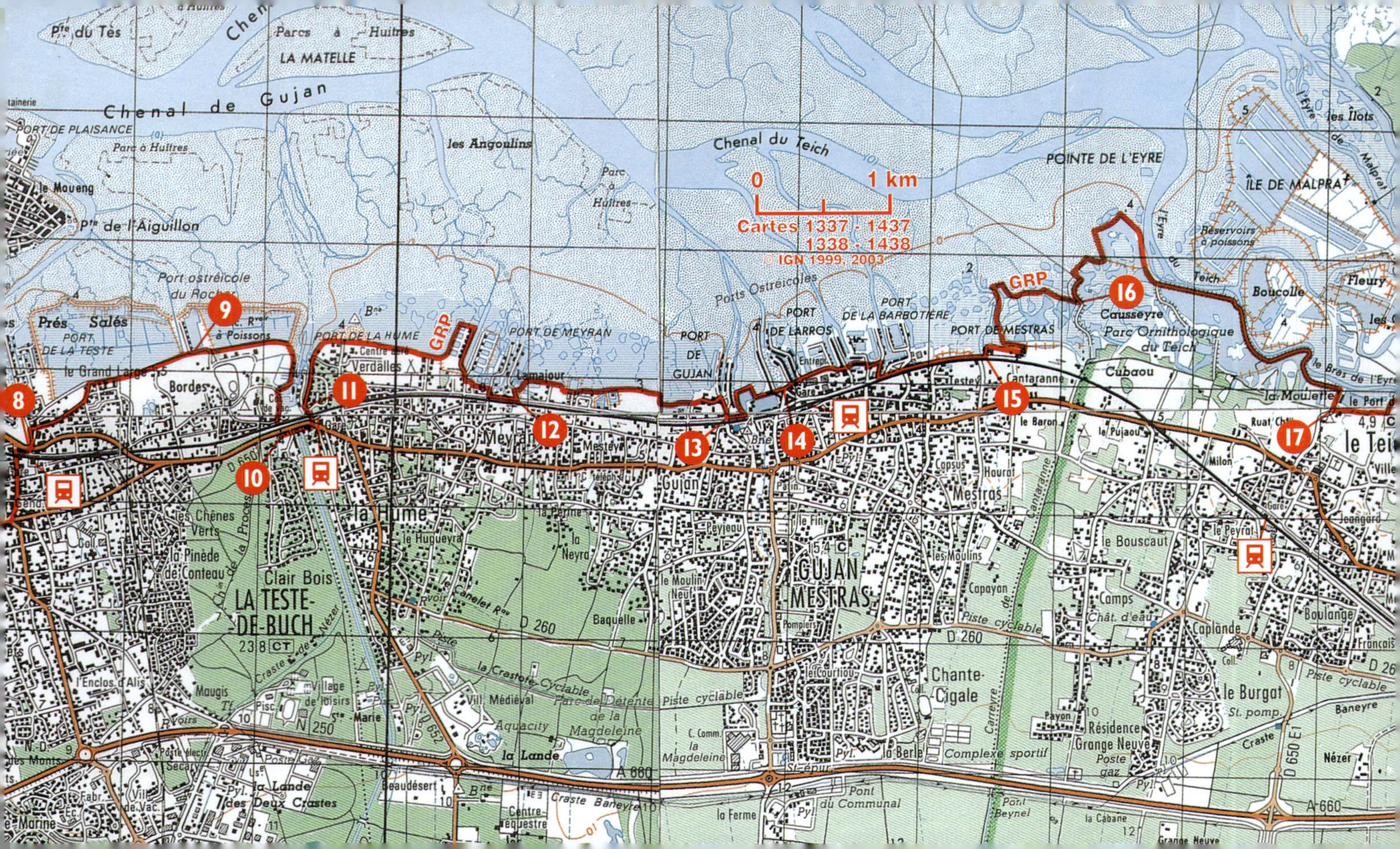

0 1 km
Cartes 1337 - 1437
1338 - 1438
© IGN 1999, 2003
Chenal de Gujan
Chenal du Teich
LA MATELLE
POINTE DE L'EYRE
ÎLE DE MALPRAT
les Angoulins
PORT DE LA HUME
PORT DE MEYRAN
PORT DE GUJAN
PORT DE LARROS
PORT DE LA BARBOTIÈRE
PORT DE MESTRAS
Parc Ornithologique du Teich
GRP
LA TESTE-DE-BUCH
GUJAN-MESTRAS
la Hume
Meyran
Gujan
Mestras
le Teich
Cassy
8
9
10
11
12
13
14
15
16
17

Du port de La Hume au port de Larros 5,5 km 1 h 20

A Gujan-Mestras :

► Du port de La Hume au port du Teich, le Tour du Bassin d'Arcachon emprunte le plus souvent le Sentier du Littoral (propriété du Conservatoire national du Littoral).

11 Longer le port de plaisance par le quai de **Port-La-Hume** en direction de la plage. Le sentier passe le long d'une clôture et reste à droite d'une haie de tamaris (point d'eau et sanitaires). Continuer sur la digue en laissant à droite des campings. Ignorer tous les sentiers à droite pour aboutir au port de Meyran (*à gauche, quelques marais à « tonnes » pour la chasse au gibier d'eau ; point de vue sur Arcachon*). Emprunter la route portuaire jusqu'au fond de la darse et poursuivre par le sentier qui part vers l'est. Il se faufile entre les installations ostréicoles. Utiliser la route qui longe la voie ferrée (*bien suivre le balisage*).

12 A l'entrée du port de Meyran-Est (*panneau du Conseil général*), tourner à gauche. Emprunter la route du port sur 50 m, puis partir à droite pour suivre les digues en bordure du Bassin, entrecoupées de passerelles de bois, sur 1,5 km (*au delà des digues, vue sur les cabanes du port ostréicole de Gujan*). La digue longe les lotissements du château Madère, puis débouche dans la rue du Château. En face, le sentier se faufile entre une haie de tamaris à gauche et le pilier (n° 56) d'une propriété. 30 m après, virer à gauche. A un ancien portail, arriver à gauche dans le port ostréicole de Gujan. Prendre la route à droite, en direction du château d'eau.

13 A la voie ferrée, se diriger à gauche, emprunter le pont, tourner à gauche, longer le port, puis monter sur la digue qui contourne une marina. Passer une écluse, virer à droite puis à gauche, franchir le chenal sur la petite passerelle et partir à droite pour aboutir, 20 m après, au **port ostréicole de Larros**.

Du port de Larros au parc ornithologique du Teich 3,5 km 50 mn

Gujan-Mestras, ville de tradition, capitale de l'ostréiculture, s'ouvre sur le Bassin d'Arcachon par sept ports ostréicoles caractérisés par leurs cabanes de bois en bordure du chenal (darse), où sont amarrées les pinasses.

14 De la maison de l'Huître, dans le **port de Larros**, continuer par la route vers l'est, en laissant à droite les bâtiments des Chantiers Navals Guy Couach puis, à gauche, les réservoirs à huîtres du port du Canal. Dans un virage, passer une écluse et suivre la route jusqu'au carrefour. Se diriger à droite sur quelques mètres, tourner à gauche (magasins ostréicoles), puis encore à droite pour retrouver la route qui borde la voie ferrée (*à gauche, port de la Barbotière*). Dépasser le lycée de la Mer, poursuivre par la route et franchir le pont.

15 Bifurquer à gauche, longer le port de la Molle et, au bout, continuer par le sentier qui file à droite pour aboutir sur une piste, au lieu-dit Bayonne. Effectuer presque un demi-tour en franchissant le chenal. Parcourir la digue, contourner les anciens réservoirs à poissons et déboucher sur une digue, face au **parc ornithologique du Teich**.

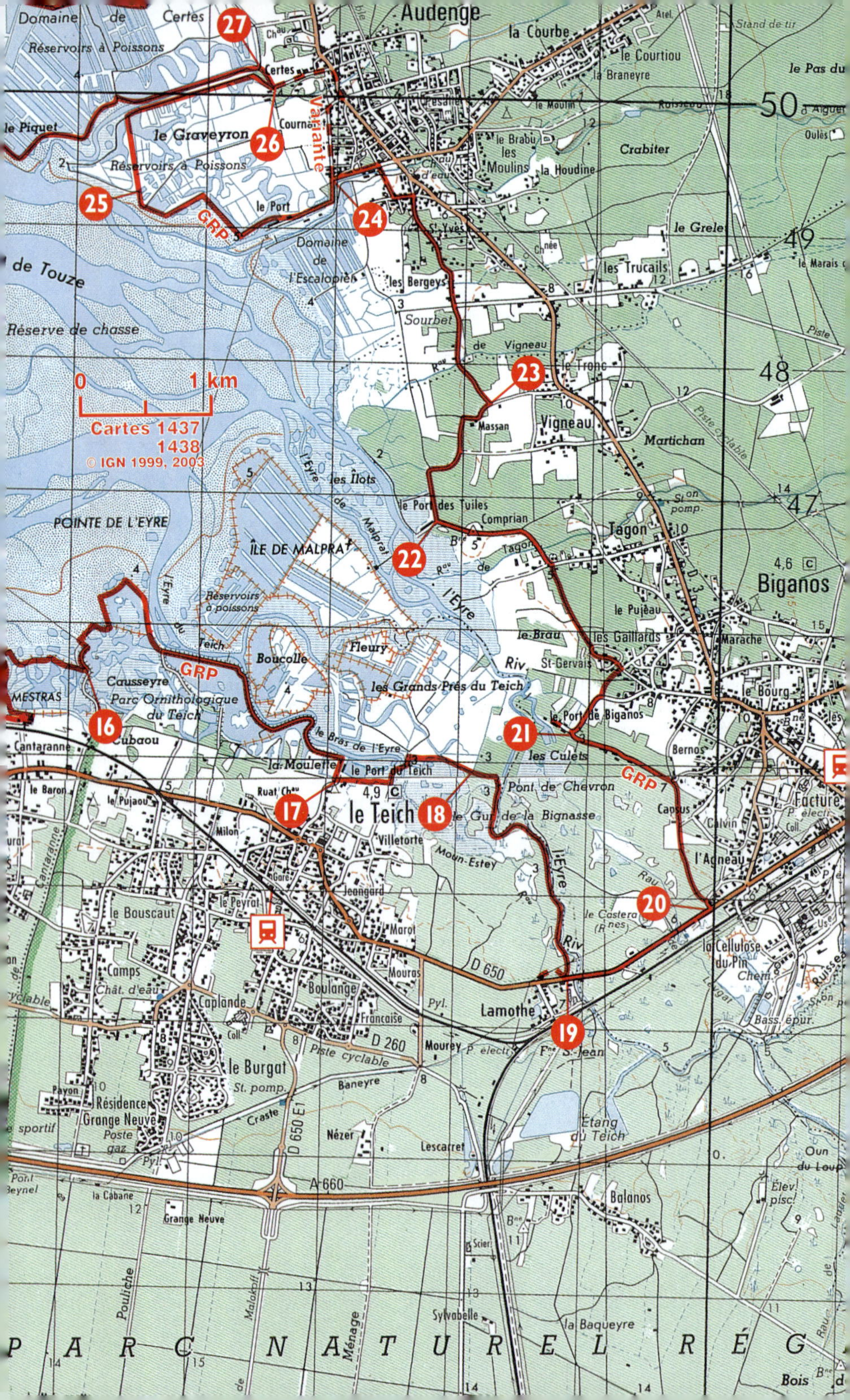

0 1 km
Cartes 1437
1438
© IGN 1999, 2003
Audenge
Biganos
le Teich
GRP
Variante
le Graveyron
Réservoirs à Poissons
Domaine de Certes
Réserve de chasse
POINTE DE L'EYRE
ÎLE DE MALPRAT
Parc Ornithologique du Teich
les Grands Prés du Teich
Vigneau
Tagon
Lamothe
D 650
D 260
A 660
PARC NATUREL RÉG

Du parc ornithologique du Teich au port du Teich 3,5 km 50 mn

Au Teich :

Parc ornithologique du Teich (cigognes sédentarisées).

16 Tourner à gauche et suivre le large chemin empierré qui parcourt la digue autour du **parc ornithologique du Teich** (*observation d'oiseaux ; à gauche, vue sur le Bassin d'Arcachon et la côte nord, sur les digues des domaines de Certes et de Graveyron, sur le clocher de Lanton, sur le clocher et le château d'eau d'Audenge...*).

Après l'écluse de la Pointe, le chemin se faufile entre le parc ornithologique et la rive gauche de l'Eyre, puis aboutit au **port du Teich**.

Du port du Teich au relais-nature de Lamothe 3,5 km 50 mn

Le Teich : maison de la Nature (Parc naturel régional des Landes de Gascogne).

17 Au fond du **port du Teich**, prendre la route à gauche et passer à gauche de la butte (*constituée de sciure de bois, cette butte a été aménagée en observatoire ; vue sur le delta de l'Eyre et vol de cigognes, en été*). Emprunter la petite route à gauche et franchir l'Eyre sur le pont Neuf. 50 m après le pont, parcourir à droite le sentier sur digue, bordé de chênes pédonculés en direction de Biganos.

18 Dans le virage en angle droit, emprunter la passerelle en face, puis suivre les caillebotis. Le sentier longe l'Eyre du Teich. Franchir le pont de Chevrons et remonter l'Eyre par le large chemin qui la borde en direction du pont routier, jusqu'à proximité du **relais-nature de Lamothe**.

▶ A droite, possibilité de gagner le relais-nature (*renseignements sur les randonnées dans le delta*).

Du relais-nature de Lamothe au port de Biganos 3 km 45 mn

A Biganos :

19 Laisser le **relais-nature de Lamothe** à droite et arriver au niveau du pont. Monter à droite l'escalier qui conduit sur la chaussée, traverser le pont et poursuivre par la D 650 sur 1 km (*prudence : circulation dense et rapide*). Franchir l'Eyga.

20 Emprunter la route à gauche sur 50 m. Dans le virage, continuer tout droit (nord-ouest) par le large chemin qui s'oriente au nord, sur 500 m, puis prendre la route à gauche sur 750 m et passer un virage à droite, en angle droit, près du **port de Biganos**.

▶ Pour gagner le port de Biganos, se diriger à gauche sur 250 m.

Situé sur un bras mort de l'Eyre, le petit port mixte (plaisance et ostréiculture) de Biganos est vraiment typique.

La faune et la flore, juste de quoi faire un bouquet de pétales, de plumes et de coquilles

Le Bassin est, comme la Camargue ou la baie de Somme, un milieu paradisiaque pour l'avifaune puisque les oiseaux se nourrissent des innombrables plantes et coquillages qui vivent sur ces étendues.

Avant d'atteindre le bord de l'eau, il faut traverser la forêt où le pin maritime est le roi, ne serait-ce que parce qu'un pin absorbe 60 litres d'eau par jour ! Le sous-bois baigne dans la lumière grâce aux fougères dont les tons changent au fil des saisons, du vert tendre au brun roux, aux ajoncs, aux genêts et aux mimosas éclatant au printemps. L'arbousier en sous-bois offre fleurs et fruits, le tout en même temps et, si l'on sait se pencher, nous aurons un salut du mélampyre des bois ou de la timide sabline dite des montagnes.

© B. Ruiz / SIBA.

Arbousier.

© N.L.

Mélampyre des bois.

© N.L.

Sabline.

Oyats. © B. Ruiz / SIBA.

© B. Ruiz / SIBA.

Aigrette garzette.

L'emplacement du Parc ornithologique du Teich n'a pas été choisi au hasard : il se situe dans le delta de l'Eyre, où la rivière des landes s'écoule en bras multiples et rejoint l'eau salée qui recouvre l'espace quand la mer est haute. Quelle que soit la saison, les hérons cendrés, aigrettes garzettes et les cygnes sont présents. L'histoire de ces derniers est touchante : à l'époque des reproductions, il leur faut un hectare pour fonder une famille, qu'ils défendent hardiment. A la fin de l'été, lorsque les petits entrent en période de mue et sont vulnérables, les cygnes se regroupent, ainsi que ceux des régions voisines, pour pacager à marée haute sur toutes les eaux de bordure. On compte à ce moment-là plus de 2 000 cygnes.

© P.R.

Cigogne blanche.

Mais retrouvons le bord de l'eau et ses histoires drôles : le tadorne de Belon, à l'allure d'une oie aux couleurs rutilantes, élève sa progéniture dans des terriers de lapin ! Le moment de la migration venue, s'il reste des petits qui ne peuvent pas suivre, on nomme une nourrice qui attend patiemment que les ailes leur poussent. Quant aux cigognes, dont l'histoire intrigue, on raconte que les parents, après avoir appris aux petits à voler (spectacle quotidien l'été, au-dessus des plaines du Teich), les envoient en migration vers le sud et se sédentarisent, retenus par la douceur du climat. Quelque quatre-vingt dix couples restent ainsi chez nous.

Tadorne de Belon.

© S.V.

Sur ce que l'on nomme les *crassats* (le vocable *slikke* d'origine nordique est rarement prononcé ici), pousse une abondante flore marine : ulve (algue), dont les larges feuilles voguent au gré des flots, statice commun ou saladelle, salicorne, qui colore de rose l'ensemble des prés salés, et zostère marine qui, sans être une algue, vit complètement immergée. Cette dernière se développe en quantité, il lui faut un prédateur, ce sont les bernaches cravant venues du nord-est sibérien. Les colonies s'installent l'hiver dans le Bassin ; 30 000 à 40 000 oiseaux mangent exclusivement les zostères en jacassant à qui mieux mieux. Souvent, de petits groupes de grèbes à cou noir les accompagnent ; excellents plongeurs, ils restent jour et nuit sur l'eau.

Bernaches cravant.

Toujours accompagnés des mouettes (rieuses ou tridactyles), goélands (argentés ou leucophées) et autres cormorans, gagnons maintenant l'entrée du Bassin où s'étalent les bancs de sable ; parmi eux, le banc d'Arguin. A haute mer, cet îlot herbeux, toujours découvert et mesurant quelques petits hectares, sert de nichoir pendant le printemps aux sternes caugek venus là, car la nourriture sous forme de petits poissons (les lançons) y est abondante. L'homme sachant être discret peut s'approcher. Le spectacle est magique en mai-juin, lorsque la colonie atteint avec les petits environ 4 000 membres, installés nid contre nid entre les touffes d'herbe. Sur les bancs, les sternes ne sont pas seules : l'huîtrier pie niche à proximité et court autant qu'il vole, et une foule de limicoles ourle le bord de l'eau : bécasseaux (variables ou sanderling), courlis cendrés ou chevaliers gambettes.

La colonie de sternes caugek du Banc d'Arguin. © B. Ruiz / SIBA.

Les limicoles se nourrissent de coquillages. La concurrence est rude entre l'Homme qui pratique la pêche à pied et l'Oiseau. Cela nous conduit tout naturellement à parler de l'huître. Pendant longtemps objet de cueillette, sa culture a pris une grande importance à partir du XIXe siècle. Le Bassin est alors devenu, par la qualité de ses eaux, un immense jardin maritime. Les parcs, ainsi que les tuiles chaulées sur lesquelles on capte le naissain, ont modelé le paysage. De plus, des générations de parqueurs ont donné naissance à ces quartiers ostréicoles dont les cabanes s'inclinent en rangs serrés vers les pontons et les digues où se balancent plates et pinasses. Le *Tour du Bassin d'Arcachon* vous fera traverser maints villages et la boucle de L'Herbe vous invite à flâner dans les rues minuscules, fleuries autant qu'ensoleillées. Aujourd'hui, les parcs à huîtres se déploient sur neuf cents hectares tout autour du Bassin et du banc d'Arguin. Rappelons que le Bassin est devenu la plus grande nursery ostréicole d'Europe.

© B. Ruiz / SIBA.

Panicaut de mer.

D'un glissement de pinasse revenons à terre pour aborder sur le cordon dunaire qui jouxte les plages de la côte aquitaine. Contrairement à ce que l'on pourrait croire, ce n'est pas que du sable à perte de vue : ce milieu bien qu'aride est très occupé par une flore qui s'adapte. L'oyat ou gourbet s'est fait aider par l'homme pour arrêter le sable et fixer les dunes. Quelques plantes sont adaptées à l'aridité : panicaut (bleu ou maritime), euphorbe maritime aux racines profondes, gaillet des sables ou immortelles des sables aux feuilles et fleurs réduites ; mais que dire du liseron des sables qui, au printemps, déploie ses légères corolles ou de la giroflée, une des plus jolies fleurs des dunes !

Est-il besoin pour conclure de dire que cette diversité de plantes et de bêtes fait du Bassin un milieu infiniment sensible, soumis à tous les dangers et surtout à ceux d'un milieu humain qui inexorablement s'urbanise, chacun souhaitant profiter d'un morceau de paradis ? Mais le randonneur est avant tout un amoureux de la nature qu'il traite avec respect.

© N.L.

Giroflée des dunes.

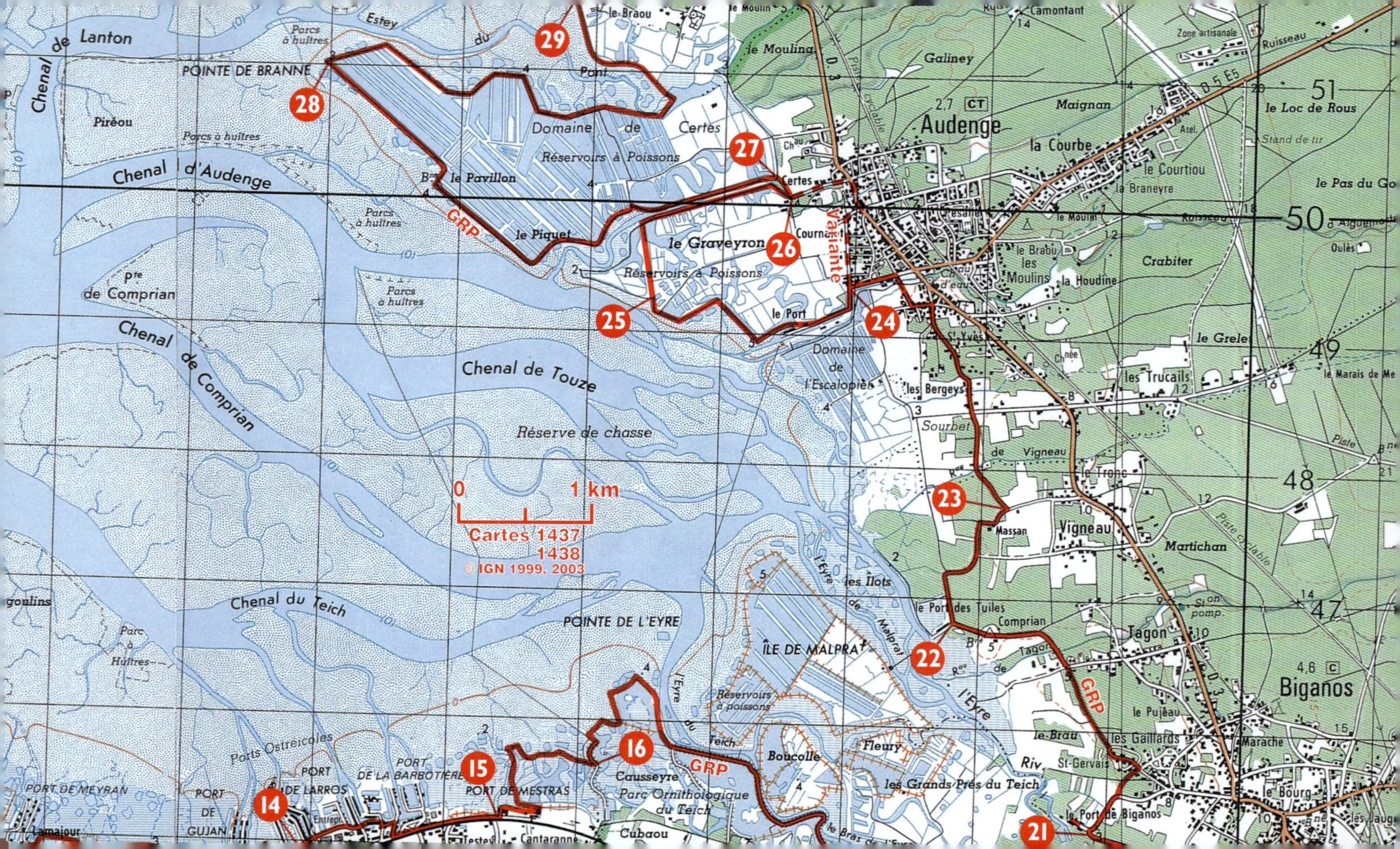

Audenge
Biganos
Chenal de Touze
Chenal de Comprian
Chenal d'Audenge
Chenal du Teich
Chenal de Lanton
Réserve de chasse
0
1 km
Cartes 1437
1438
© IGN 1999, 2003
GRP
Variante
14
15
16
21
22
23
24
25
26
27
28
29
ÎLE DE MALPRAT
POINTE DE L'EYRE
POINTE DE BRANNE
PORT DE LARROS
PORT DE LA BARBOTIÈRE
PORT DE MESTRAS
PORT DE GUJAN
PORT DE MEYRAN
le Graveyron
Réservoirs à Poissons
Domaine de Certes
Domaine de l'Escalopier
Parc Ornithologique du Teich
Causseyre
Cubaou
Vigneau
Massan
Comprian
Tagon
le Port de Biganos
les Gaillards
le Pujeau
Marache
le Bourg
les Bergeys
les Trucails
le Grele
Crabitey
le Courtiou
la Courbe
Galiney
Maignan
le Loc de Rous
le Pas du Go
le Moulina
le Braou
Certes
Boucolle
Fleury
les Grands Prés du Teich
l'Eyre
Pte de Comprian
Piréou
Parcs à huîtres
le Pavillon
le Piquet
Martichan
le Tronc
les Îlots
St-Gervais
Ports Ostréicoles
51
50
49
48
47

Du port de Biganos à Audenge

6 km | 1 h 30

A Audenge :

21 Laisser le **port de Biganos** à gauche et continuer par la route. A la sortie du virage, s'engager sur le chemin empierré à gauche et gagner tout droit le lotissement. Au deuxième carrefour, emprunter la rue Marcel-Pagnol à gauche. Elle entre dans la forêt et se prolonge par un chemin de terre. Après le carrefour, poursuivre tout droit en direction du port des Tuiles (panneau). La route passe devant le domaine de Comprian et aboutit au port des Tuiles avec son enfilade de cabanes sur la gauche.

22 Continuer par la route principale, laisser une route à droite et passer deux virages.

23 Partir à gauche et franchir le pont qui enjambe le ruisseau de Vigneau. Suivre la rue de Comprian. Au carrefour, prendre la rue Saint-Yves à gauche sur 100 m, la rue du Pas-de-Madame à droite, traverser le ruisseau et déboucher sur la place du Marché, près de l'église d'**Audenge**. Tourner à gauche et gagner la rue des Marins.

▶ Le *Tour du Bassin d'Arcachon* effectue ensuite un parcours sur digue autour du domaine de Graveyron.

Variante directe d'Audenge au pont de Certes : 1,5 km | 20 mn

A **Audenge**, prendre la rue des Marins à droite, la rue des Mouettes à droite, la D 3 à gauche et la rue de Graveyron à gauche jusqu'à son terme, au niveau du **pont de Certes** (*jonction avec l'itinéraire principal*).

D'Audenge au pont de Certes

3,5 km | 50 mn

24 Prendre la rue des Marins à gauche. A l'entrée du port d'**Audenge**, s'engager à droite sur la digue herbeuse qui mène au domaine de Graveyron (*anciens réservoirs à poissons*).

25 Au carrefour, à l'angle d'une vieille cabane, laisser la digue extérieure à gauche et continuer tout droit par le chemin herbeux sur 700 m. Reprendre la digue à droite. Au bout de la ligne droite, après un virage à droite, franchir la chicane et traverser à gauche le **pont de Certes**, qui enjambe le chenal.

▶ Arrivée en face de la variante directe.

Du pont de Certes à la plage de Lanton

9 km | 2 h 15

26 Après le **pont de Certes**, aller à gauche vers le domaine et franchir la passerelle.

▶ Le sentier de droite permet de gagner le château de Certes.

27 Tourner à gauche et parcourir les digues qui contournent le domaine. Elles mènent à la pointe de Branne (*point de vue remarquable pour sa position avancée sur le Bassin*).

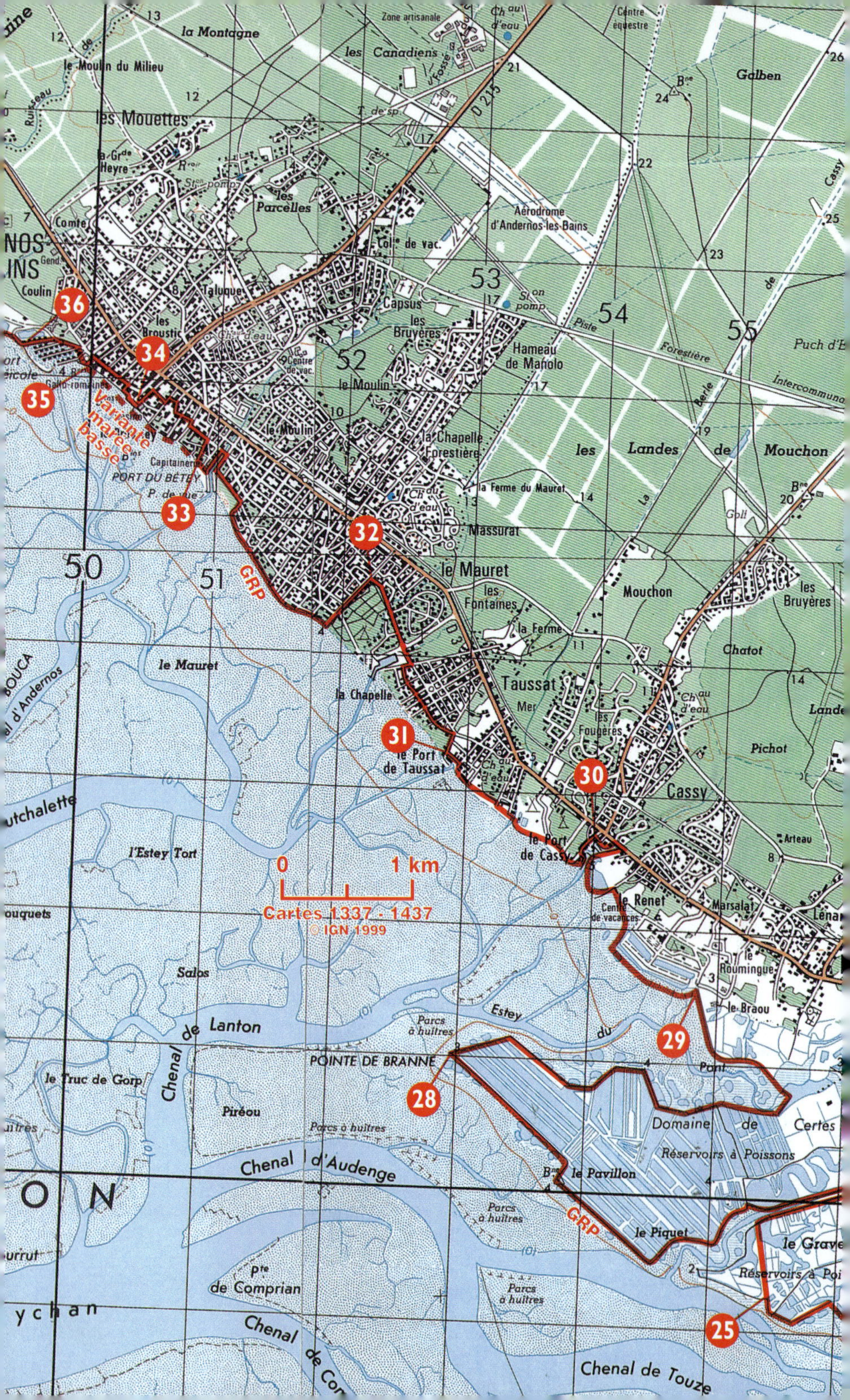

la Montagne
le Moulin du Milieu
les Canadiens
les Mouettes
les Parcelles
Aérodrome d'Andernos-les-Bains
Capsus
les Bruyères
Hameau de Manolo
le Moulin
la Chapelle Forestière
Piste Forestière Intercommunale
les Landes de Mouchon
la Ferme du Mauret
Massurat
le Mauret
les Fontaines
la Ferme
Mouchon
les Bruyères
Chatot
Taussat
les Fougères
Pichot
Cassy
le Port de Taussat
le Port de Cassy
le Renet
Centre de vacances
Marsalat
le Roumingue
le Braou
Arteau
PORT DU BÉTEY
Variante marée basse
GRP
le Mauret
la Chapelle
l'Estey Tort
Salos
Chenal de Lanton
le Truc de Gorp
Piréou
POINTE DE BRANNE
Parcs à huîtres
Domaine de Certes
Réservoirs à Poissons
le Pavillon
le Piquet
Chenal d'Audenge
Pte de Comprian
Chenal de Touze
le Graveyron
0 1 km
Cartes 1337 - 1437
© IGN 1999
36
35
34
33
32
31
30
29
28
25
50
51
52
53
54
55

28 Passer la pointe de Branne et utiliser les digues, en direction des terres. Poursuivre par le chemin empierré, puis enjamber l'écluse de la Branche flanquée d'une maisonnette en brique qui marque la limite entre Audenge et Lanton. Continuer sur 1,7 km, puis parcourir une large digue en gros moellons qui conduit à la **plage de Lanton** (*Bassin à baignade et point d'eau*).

Hors GR® pour le centre de Lanton : 800 m 10 mn

A Lanton :

Quitter la plage par la route qui mène au centre-ville.

De la plage de Lanton au port de Cassy 2 km 30 mn

29 A la **plage de Lanton**, continuer par le sentier, sur digue et bien aménagé, le long du Bassin d'Arcachon. Il passe près des réservoirs du domaine de Roumingue (*centre de loisirs et de vacances*). Peu après, les arbres font leur réapparition et ombragent le large chemin qui mène au port de Cassy. Contourner le port en passant en contrebas de la D 3 et déboucher sur une place entourée de restaurants et cabanes ostréicoles, dans le **port de Cassy**.

Du port de Cassy au port du Betey 5,5 km 1 h 20

30 Au **port de Cassy**, traverser la place pour rejoindre l'esplanade qui longe la plage. Après la pelouse, s'engager sur le sentier en bordure du perré. 300 m après le camping, franchir à droite le pont qui enjambe la Berle de Cassy et poursuivre par le sentier. Contourner la propriété, rejoindre l'allée des Cabanes et aboutir au vieux port de Taussat. Emprunter l'allée des Tamaris qui longe le port.

Le vieux port de Taussat était à l'origine un port ostréicole. Il devient de plus en plus port de plaisance, mais a conservé malgré tout quelques cabanes typiques.

31 Prendre l'avenue Albert-Pitres à droite, le boulevard de la Plage à gauche, poursuivre tout droit par l'allée Isabelle et arriver en vue du port de plaisance de Taussat. Emprunter l'allée Fontaine-Vieille à droite, traverser le rond-point et continuer à gauche dans l'allée Duguay-Trouin. Franchir le ruisseau marquant la limite entre Lanton et Andernos-les-Bains, contourner le camping de Fontaine-Vieille d'Andernos-les-Bains par la rue Roger-Belliard.

32 Tourner à gauche dans le boulevard du Colonel-Wurtz et rejoindre le Bassin d'Arcachon. Emprunter à droite la promenade du Mauret. 150 m après la piscine, prendre la promenade de la Piscine à droite, l'avenue Jacques-de-Chorivit à gauche et contourner le **port du Betey** (eau potable). A la capitainerie, suivre la route à droite sur 70 m, puis la plage sur 50 m.

la Grande Lande
la Machinotte
Lurine
Arpech
Ste-Anne
Ignac
Houdins
le Perrey
Centre hippique
D. 106
le Pas du Bro
Pigeon Bertrand
les Abberts
39
Domaine d'Arès
Plaisance
la Montagne
les Hauts d'Arès
Domaine de la Montagne
la Montagne
Zone artisanale
les Canadiens
Cap Lande
les Ecureuils
Parcours sportif
Paco
le Moulin du Milieu
les Mouettes
la Grde Heyre
Garreche d'Arès
38
Arès
Variante
la Canelette d'Arès
St-Brice
ANDERNOS-LES-BAINS
CONCHE DE St-BRICE
37
GRP
Coulin
Taluque
les Parcelles
Capsus
les Bruyères
34
Pte des Quinconces
Port ostréicole
36
35
Variante marée basse
le Moulin
Miracle
0
1 km
Cartes 1337 - 1437
© IGN 1999
PORT DU BÉTEY
P. de vue
33
32
Touillet
47
48
49
50
51
52
Maubin
GRP
le Mauret
la Chapelle
Chenal de Maubinot
MATTE DU BOUCA
Chenal d'Andernos
le Port de Taussat
31
Germanan
Pte du Bouc
Chenal de Moutchalette
le Grand Cès
MATTE LONGUE
l'Estey Tort

Du port du Betey à Andernos-les-Bains 1,5 km 20 mn

A Andernos-les-Bains :

▶ Lorsque la marée le permet, possibilité de suivre la plage jusqu'à l'église Saint-Eloi d'Andernos-les-Bains (*voir tracé en tirets sur la carte*).

33 Au **port du Betey**, emprunter le boulevard de Verdun à droite, couper l'allée des Mouettes, prendre le boulevard Albert-Decrais à gauche, l'avenue Camille-Rongier à droite sur quelques mètres, puis l'avenue Vergniaud à gauche. A l'impasse des Platanes, dessiner le virage à droite, puis laisser en face la rue Thiers pour suivre la rue à gauche et arriver sur la place Louis-David (*maison Louis David : expositions artistiques*). Contourner cette place par la gauche pour rejoindre l'avenue Pasteur qui conduit sur la jetée-promenade (*panorama sur le Bassin d'Arcachon*).

34 Suivre la promenade qui longe la côte. Après le club de voile, prendre l'allée des Courlis à droite, le boulevard de la Plage à gauche et atteindre l'église d'**Andernos-les-Bains**. Traverser la place (*à côté de l'église, vestiges gallo-romains d'une villa du IVe siècle*), puis longer le perré.

▶ Arrivée de la variante de marée basse qui vient de la plage, au niveau de la rampe d'accès à la mer.

D'Andernos-les-Bains au pont de Saint-Brice 2 km 30 mn

35 Emprunter le terre-plein du fond des darses du port ostréicole d'**Andernos-les-Bains**, puis l'avenue du Commandant-Allègre. A la troisième darse, remonter le long du quai entre l'eau et les cabanes (*point d'eau, dégustation d'huîtres et restaurants*). Après la dernière cabane, se diriger à droite pour retrouver le bord du Bassin d'Arcachon.

36 Au virage, quitter la route pour s'engager à gauche sur un chemin de terre qui se faufile entre deux haies le long d'un ancien réservoir à poissons et entrer sur le site des Quinconces (*point de vue sur la côte noroît et les cabanes « tchanquées » de l'île aux Oiseaux*). Continuer entre les bords du Bassin d'Arcachon et la pinède, jusqu'au ruisseau de Cirès. Franchir le **pont de Saint-Brice** pour arriver dans la commune d'Arès.

▶ Le *Tour du Bassin d'Arcachon* traverse ensuite l'agglomération d'Arès.

Hors GR® par la plage : 2 km 30 mn
(lors des grandes marées, cette variante n'est pas praticable)

Après le pont de bois, gagner à gauche le bord du Bassin d'Arcachon par le chemin de terre qui devient sableux et longer ainsi la plage sur 2 km (*à l'ouest, hameaux typiques de Jane-de-Boy et de Claouey*) pour retrouver le chemin principal à l'office de tourisme d'Arès.

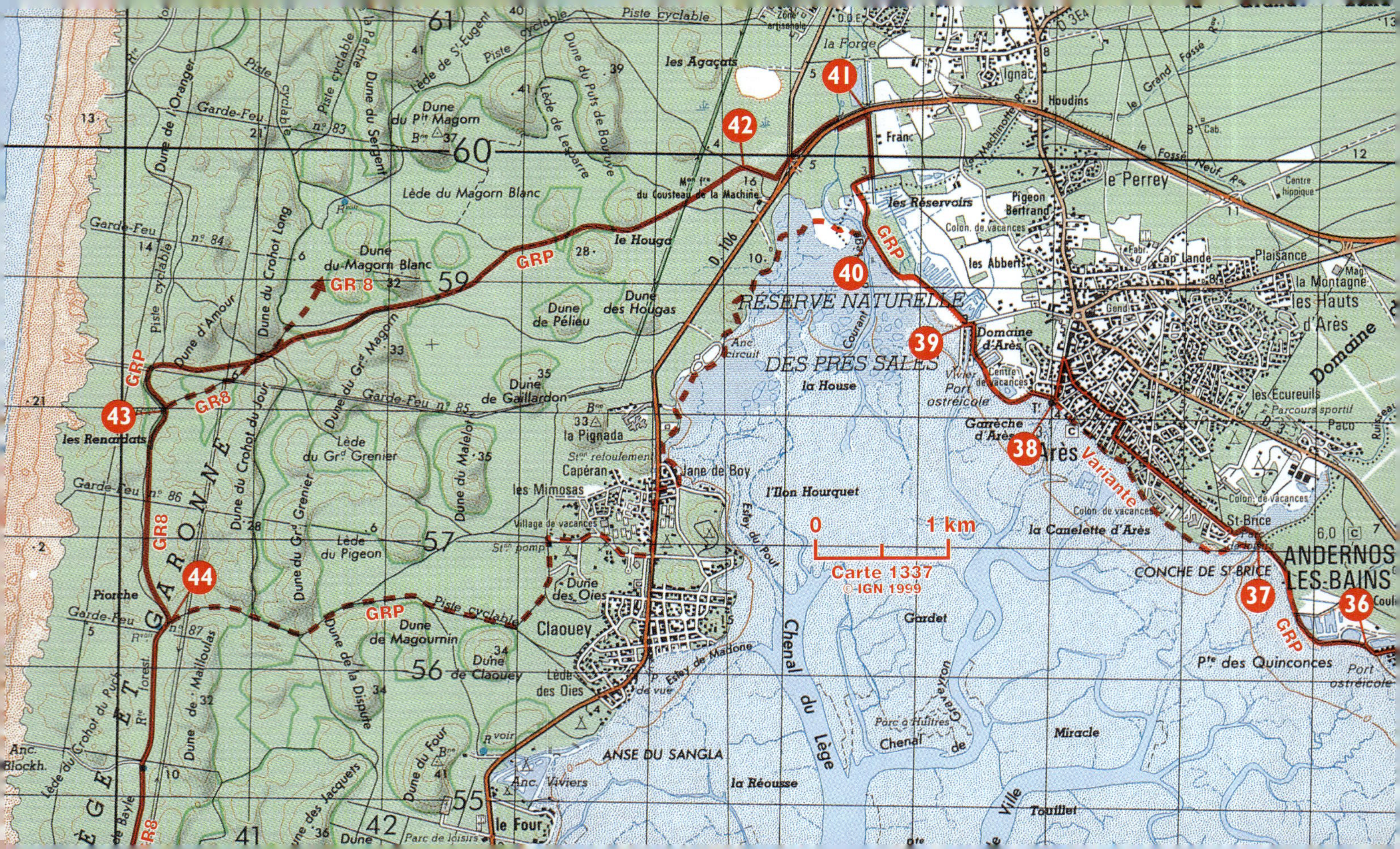

ANDERNOS LES-BAINS
GRP
Variante
GR8
GR 8
0
1 km
Carte 1337
© IGN 1999
RÉSERVE NATURELLE
DES PRÉS SALÉS
Chenal du Lège
CONCHE DE St BRICE
ANSE DU SANGLA
la Canelette d'Arès
Pte des Quinconces
St-Brice
Arès
Garèche d'Arès
Domaine d'Arès
le Perrey
les Réservoirs
les Abbens
Pigeon Bertrand
Houdins
Ignac
la Forge
Plaisance
la Montagne
les Hauts d'Arès
les Ecureuils
Cap Lande
les Agaçats
Dune du Puts de Bouuye
Lède de Lesparre
Lède du Magorn Blanc
Dune du Magorn Blanc
Dune du Pt Magorn
Dune du Sergent
Dune du Crohot Long
Dune d'Amour
Dune du Crohot du Jour
Dune du Grd Magorn
Lède du Grd Grenier
Dune du Grd Grenier
Lède du Pigeon
Dune du Malelot
Dune de Gaillardon
Dune de Pélieu
Dune des Hougas
le Hougа
la Pignada
Capéran
Jane de Boy
les Mimosas
Claouey
Dune des Oies
Lède des Oies
Dune de Claouey
Dune de Magournin
Dune de la Dispute
Dune du Four
Dune des Jacquets
Dune de Mailloulas
Dune de l'Oranger
les Renardats
Piorche
Anc. Blockh.
Anc. Viviers
le Four
Parc de loisirs
Chenal de Graveyron
Parc à Huîtres
Lède du Crohot du Puch
la Réousse
Miracle
Gardet
Touillet
l'Ilon Hourquet
la House
Esley du Pout
Port ostréicole
Piste cyclable
Garde-Feu
GARONNE
36
37
38
39
40
41
42
43
44

Du pont de Saint-Brice à Arès

3 km 45 mn

A Arès :

37 Après le **pont de Saint-Brice**, prendre à droite le chemin principal, passer entre deux plans d'eau, puis obliquer à gauche et emprunter le boulevard Javal jusqu'à son extrémité. Suivre la rue des Baigneurs à droite, la rue du 14-Juillet à gauche, puis l'avenue de la Plage à gauche. Elle conduit au Bassin d'Arcachon et à l'office du tourisme d'**Arès** (*« ovniport » : aéroport pour OVNI inauguré le 15 août 1976*).

▶ Arrivée à gauche de la variante qui longe la plage.

D'Arès à la réserve des Prés-Salés

2 km 30 mn

38 A **Arès**, prendre à droite le chemin qui longe le Bassin d'Arcachon et atteindre le port ostréicole d'Arès (*aire de pique-nique, sanitaires, point d'eau*).

▶ L'itinéraire principal ne rencontre plus de zone urbaine sur 21 km.

39 Au fond de la darse, se diriger à droite et emprunter un sentier assez sauvage qui mène à la **réserve naturelle des Prés-Salés**.

▶ Départ à gauche de la variante vers Jane de Boy (*voir pages suivantes*).

De la réserve des Pré-Salés au carrefour du Houga

2 km 30 mn

40 Laisser la variante partir à gauche dans la **réserve des Prés-Salés** et poursuivre au nord. 80 m après un virage à droite, tourner à gauche (nord) en franchissant le pont sur le ruisseau et continuer jusqu'à la D 106.

41 Ne pas chercher à la traverser, mais se diriger à gauche sur 300 m et atteindre le bord du canal des Lacs. Emprunter le passage qui permet de traverser sous la D 106 et monter sur la piste cyclable qui franchit le canal. Longer la D 106 à gauche (sud-ouest), couper la D 106E5 et poursuivre sur 150 m. Au carrefour du Cousteau-de-la-Machine, se diriger à droite sur 200 m, dans la forêt et arriver au **carrefour du Houga**.

Du carrefour du Houga à une intersection

5,5 km 1 h 20

42 Au **carrefour du Houga**, emprunter la piste cyclable à gauche jusqu'au carrefour de la Dune-d'Amour. Prendre la piste cyclable à gauche et gagner une **intersection** au niveau d'un réservoir.

▶ Jonction avec le GR® 8. Le *Tour du Bassin d'Arcachon* utilise désormais le GR® 8 au sud, jusqu'à l'embarcadère de Bélisaire.

D' une intersection au carrefour de Mailloulas

1,5 km 25 mn

43 À **l'intersection**, continuer sur la piste cyclable et gagner le **carrefour de Mailloulas**.

▶ Point d'arrivée de la variante des Prés-Salés et de Jane-de-Boy.

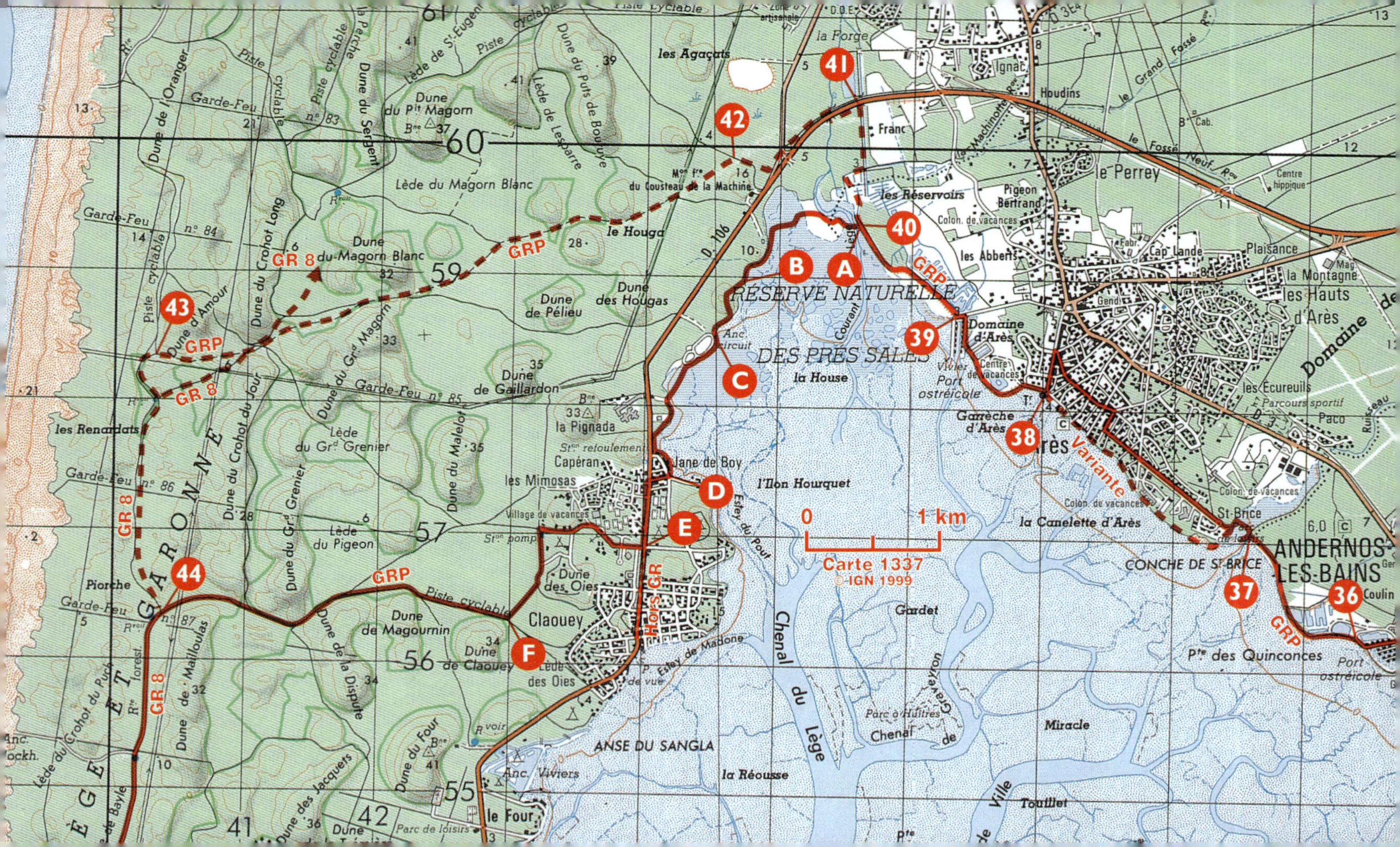
ANDERNOS-LES-BAINS
CONCHE DE St BRICE
RÉSERVE NATURELLE DES PRÉS SALÉS
Domaine d'Arès
Arès
Variante
GRP
GR 8
Hors GR
Chenal du Lège
ANSE DU SANGLA
Claouey
le Four
le Perrey
Ignac
les Agaçats
le Hougà
la Pignada
Jane de Boy
l'Ilon Hourquet
la House
Garreche d'Arès
la Canelette d'Arès
Pte des Quinconces
Dune de Gaillardon
Dune du Magorn Blanc
Dune de Magournin
Dune de Clauey
Dune des Oies
Lède du Magorn Blanc
36
37
38
39
40
41
42
43
44
A
B
C
D
E
F
0
1 km
Carte 1337
© IGN 1999

Variante

▶ Cette variante parcourt les marais du fond du Bassin d'Arcachon. La zone est inondable et ne doit pas être empruntée à marée haute.

▶ Il est impératif de bien suivre le balisage et de ne pas s'écarter du sentier, pour ne pas risquer de porter atteinte à une flore fragile et rare.

De l'entrée de la réserve des Prés-Salés à Jane-de-Boy 3,5 km 50 mn

A Laisser le circuit principal continuer au nord, franchir à gauche le courant de Lège par un petit pont en arceau et commencer la traversée du marais des **Prés-Salés**.

▶ Si le sentier devient impraticable, s'échapper par l'ouest et rejoindre la piste cyclable qui longe la D 106, pour atteindre Jane-de-Boy.

B Après avoir retrouvé la bordure du Bassin d'Arcachon, gravir par la droite, un petit tertre boisé. Avant la descente, appuyer à gauche (*vue sur le Bassin d'Arcachon et, à l'horizon est, sur l'alignement des cabanes du port ostréicole d'Arès*). En bas, emprunter le large chemin empierré et, au grand carrefour de chemins, se diriger à gauche et franchir le gué.

C Entrer à nouveau dans les marais des Prés-Salés par le sentier à gauche. Franchir un premier chenal, continuer sur 200 m et traverser le second. Poursuivre en face par le chemin sinueux et atteindre le hangar blanc (repérable de loin) d'un chantier naval. Le contourner par la gauche (est), longer la D 106 à gauche sur 150 m, puis s'engager à gauche sur le talus herbeux qui borde le Bassin d'Arcachon.

D Emprunter l'avenue Jane-de-Boy, traverser la D 106, puis la longer à gauche (sud) jusqu'au premier carrefour, entre les hameaux de **Jane-de-Boy** et de Claouey.

Hors GR® pour Claouey : 400 m 10 mn

A Claouey :

Continuer tout droit par la D 106.

De Jane-de-Boy au carrefour de Mailloulas 4,5 km 1 h 10

E Quitter **Jane-de-Boy** et prendre la piste cyclable à droite (ouest). Elle longe l'avenue Edouard-Branly. Après le terrain de camping, la piste cyclable vire à gauche (sud).

F Au croisement, emprunter la piste cyclable à droite (ouest) sur 3 km jusqu'au **carrefour de Mailloulas**.

▶ Jonction avec le circuit principal.

les Renardats
Garde-Feu n° 86
GR 8
44
Piorche
Garde-Feu n° 87
GRP
G A R O N N E
Lède du Gd Grenier
Lède du Pigeon
Dune de Magourn
Dune du Crohot Noir
Anc. Blockh.
Dune de Mailloulas
Dune de la Dispute
Dune des Jacquets
Dune de la Trémière
L È G E E T
45
A
les Jacquets
Dune de Blanche
Accès
Dune de Bayle
0
1 km
Carte 1337
© IGN 1999
du Truc Vert
D O M
le Piquey
les Arbousiers
Embarc.
les Réservoirs
le Grand Piquey
46
Piraillan-Forêt
Piraillan
F O R Ê T
le Canon
Dune de la Garonne
Dune du Canon
Parcs à Huîtres
l'Herbe
Canelon
Bécassière
Chenal du Piquey
Hors GR
N.D. des Flots
Chapelle de la Villa Algérienne
47
B A
POINTE DU COURBEY
Chenal du Courbey
Dunes de Gaugnot
Pylônes
GRAND BANC
BANCOT
la Vigne
les Arbousiers

Du carrefour de Mailloulas au carrefour de Bayle 2 km 30 mn

44 Au **carrefour de Mailloulas**, continuer par la piste forestière cyclable plein sud. Traverser le carrefour du Crohot-Nord et gagner le **carrefour de Bayle**.

Accès de la Pointe aux Chevaux : 3 km 45 mn

Au Piquey :

Au **carrefour de Bayle**, prendre le chemin tout droit (sud) sur 150 m, puis la piste cyclable à gauche (est) vers la pointe aux Chevaux. Croiser un pare-feu nord-sud, puis entrer dans l'agglomération de **Piquey** et poursuivre par l'avenue du Truc-Vert.

A Prendre l'avenue du Merle à droite sur 100 m, l'avenue du Couchant à gauche et arriver à l'église Notre-Dame-des-Pins. Traverser la D 106, monter par l'avenue de la Pointe-aux-Chevaux et emprunter l'impasse de la Pointe-aux-Chevaux. Elle conduit à un petit parc au bout duquel le cheminement devient évident. Gagner ainsi la **pointe aux Chevaux**.

Du carrefour de Bayle au Truc-Vert 1,5 km 25 mn

Au Truc-Vert :

45 Au **carrefour de Bayle**, continuer par la piste cyclable à droite. Traverser la route forestière à hauteur du camping du **Truc-Vert**.

Du Truc-Vert au carrefour de Piraillan 1 km 15 mn

Au **Truc-Vert**, continuer sur le sentier GR® 8 et déboucher au **carrefour de Piraillan**.

Accès du Canon : 2 km 30 mn

Au Canon :
À Piraillan :

Au **carrefour de Piraillan**, prendre la piste cyclable à gauche (est) en direction du Canon, sur 800 m. Poursuivre par l'avenue de l'Océan et parvenir sur la place Dubroc. Longer la D 106 à droite sur 250 m, puis emprunter la rue Sainte-Catherine à gauche. Elle conduit à la place de l'Europe (office du tourisme) et à la jetée-embarcadère du **Canon** (*vue sur la côte noroît*).

Du carrefour de Piraillan au carrefour de L'Herbe 2,5 km 40 mn

46 Au **carrefour de Piraillan**, continuer tout droit par la piste cycable et gagner le **carrefour de L'Herbe**.

Hors GR® pour L'Herbe : 1 km 15 mn

A L'Herbe :

Emprunter à gauche la D 106.

Arcachon : villégiatures de charme en Ville d'Hiver

Le passé historique d'Arcachon tient tout entier dans la seconde moitié du XIXe siècle. Avant, était la commune de La Teste en pays de Buch, dotée d'une petite forêt de pins dénommée forêt d'Arcachon et située à des heures de mauvaise route de Bordeaux, la capitale gasconne.

On a bien vu, à partir de 1823, apparaître au bord de l'eau, autour de la rade d'Eyrac, les premières constructions de ce qui va devenir une station balnéaire. Mais l'essor d'Arcachon, à partir de 1850, procède de deux mouvements distincts. D'une part une mode nouvelle répandue dans les classes aisées : on imite le couple impérial et l'on va aux eaux à Cauterets, ou se baigner à Biarritz ou Arcachon. D'autre part, l'essor rapide de la station (et pour ce qui nous occupe la naissance de la Ville d'Hiver) est lié à la publicité faite par les médecins ; ils ont vanté avec enthousiasme les mérites du climat exceptionnel d'Arcachon, de sa forêt de pins, et de la qualité de ses eaux. La Ville d'Hiver au départ est donc une ville créée par des médecins pour des malades.

Les frères Péreire (Emile et Isaac), Saint-Simoniens convaincus, vont apporter les moyens. Après avoir créé la Compagnie des chemins de fer du Midi, ils en viennent rapidement à créer la ligne Bordeaux-Arcachon, et à confier à l'ingénieur Paul Regnault les plans de la ville, avec ses rues courbes pour que le vent ne s'y engouffre pas. Ajoutons qu'il fut interdit dès l'origine d'enlever un seul pin de la forêt d'Arcachon et nous aurons, dès 1900, plus de deux cents villas, chacune d'elles étant un joyau unique dans son écrin de verdure. Qu'elles empruntent leur nom à des hommes célèbres (Shakespeare, Richelieu, Descartes... voire Brémontier), à des œuvres lyriques ou à leurs personnages (Faust, Carmen...), les villas et chalets noyés dans la verdure composent aujourd'hui un merveilleux et fantasque témoignage de l'époque. Tous les styles sont présents, chalets suisses ou normands, mauresque ou baroque, vérandas coloniales ou pavillons chinois, kiosques ou gloriettes, carreaux de Delft ou azulejos portugais. L'exubérance est soulignée d'innombrables ornements de bois, si amoureusement travaillés que certaines demeures semblent parées d'une aérienne dentelle ! La lumière participe à cette féerie et lorsque le pollen tombe, semble se parer d'un voile d'or.

En suivant le *Tour du Bassin d'Arcachon* dans la Ville d'Hiver, vous passerez d'abord, après l'observatoire, devant la villa Alexandre Dumas, à la décoration de terre cuite ; plus loin, la villa Brémontier était dès l'origine un chalet de location où l'on accueillait les malades dans un grand confort (cheminées, salles de bains...). La villa Craigcrostan, construite pour un lord écossais, surprend par son mélange excentrique de styles les plus divers. Vous quitterez la Ville d'Hiver place Flemming où le kiosque est un bel exemple de dentelle de bois.

Visites guidées toute l'année, inscription à l'Office de Tourisme d'Arcachon (coordonnées en page 2).

© B. Ruiz / SIBA.

Villa typique de la Ville-d'Hiver

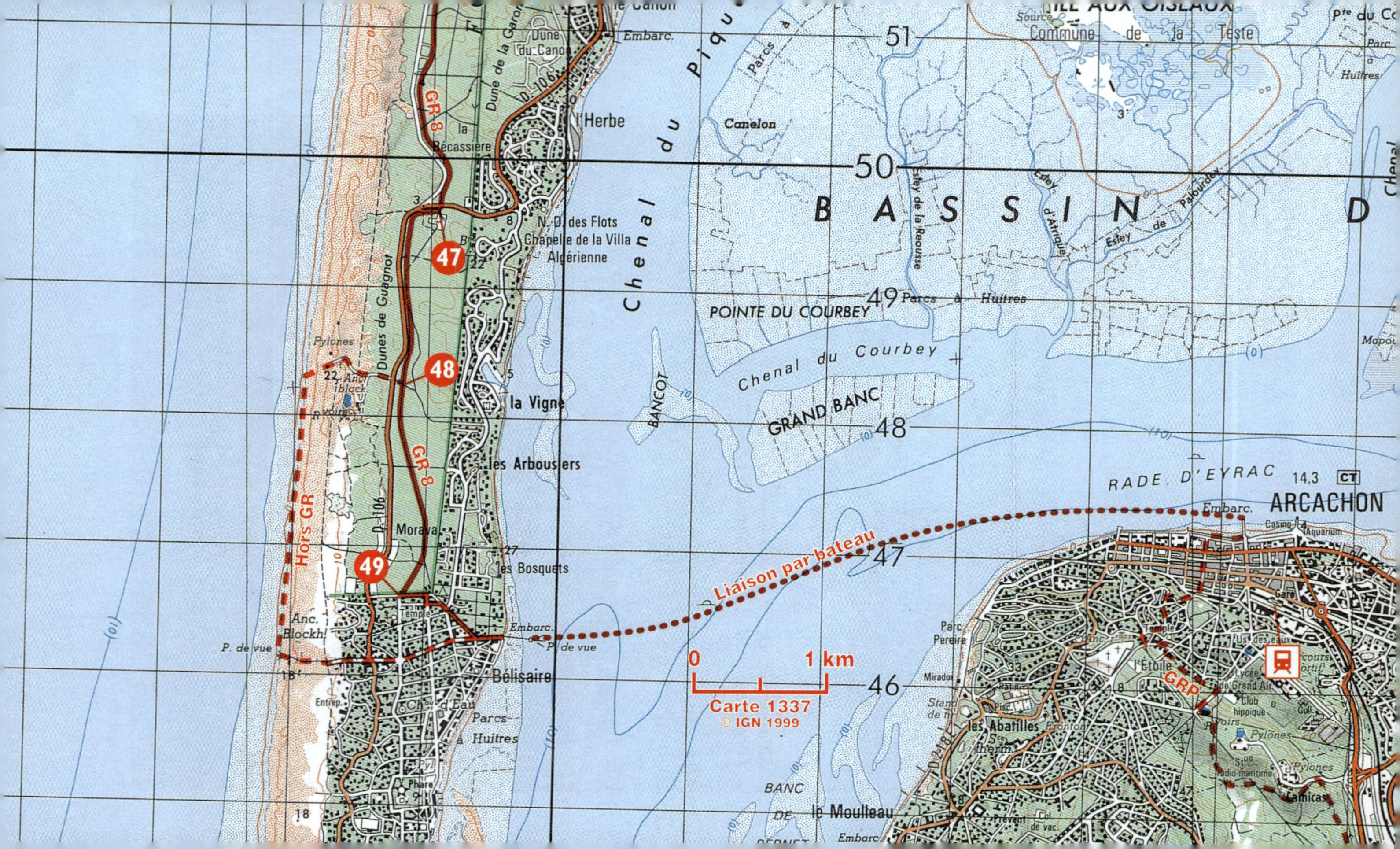

BASSIN D
ARCACHON
RADE D'EYRAC
POINTE DU COURBEY
Chenal du Courbey
GRAND BANC
BANCOT
Chenal du Piqu
Liaison par bateau
GR 8
Hors GR
GRP
47
48
49
la Vigne
les Arbousiers
les Bosquets
Bélisaire
Moraya
la Bécassière
l'Herbe
N.D. des Flots
Chapelle de la Villa Algérienne
Dunes de Guagnot
Dune de la Garonne
Dune du Canon
Les Abatilles
l'Etoile
le Moulleau
Parcs à Huitres
Canelon
Commune de la Teste
Esley de la Reousse
Esley d'Atrique
Esley de Palourdey
Embarc.
P. de vue
Anc. Blockh.
Pylones
Carte 1337
© IGN 1999
0
1 km

Du carrefour de L'Herbe au chemin de l'océan

1,5 km · 20 mn

L'océan est tout proche, parfois à moins d'1 km, caché derrière la dune littorale. Le grondement de ses rouleaux accompagne la randonnée dans la presqu'île du cap Ferret.

47 Au **carrefour de L'Herbe**, traverser la D 106, longer le cimetière vers la droite et continuer par la piste qui vire au sud. Atteindre le croisement avec le **chemin de l'océan**.

Hors GR® pour l'embarcadère de Bélisaire par l'océan : 5 km · 1 h 15

▶ Attention, ne pas céder à la tentation d'une baignade hors des plages surveillées : l'océan peut être extrêmement dangereux.

Au carrefour, se diriger à droite sur 500 m par le **chemin de l'océan** et gagner la plage océane. Longer la mer à gauche (sud) sur 2 km jusqu'au terminus du train touristique du Cap Ferret.

▶ En saison, possibilité de rejoindre l'embarcadère de Bélisaire par le train touristique.

Tourner à gauche, longer la voie du train touristique et continuer par l'avenue de l'océan qui conduit à l'**embarcadère de Bélisaire**.

Du chemin de l'océan à l'embarcadère de Bélisaire

2,5 km · 40 mn

A Cap-Ferret :

48 Laisser le **chemin de l'océan** à droite et poursuivre par la piste cyclable.

49 Aux premières maisons de Cap Ferret, prendre le chemin empierré à gauche sur 200 m. Emprunter la rue des Ajoncs à droite, la rue des Campings à gauche, l'avenue des Lauriers à droite (*voie empruntée par le train touristique*), puis l'avenue de l'Océan à gauche. Elle conduit à la **jetée-embarcadère de Bélisaire**.

Point de vue sur le Bassin d'Arcachon (en face, à droite, la célèbre dune du Pilat).

▶ Avec une demi-journée supplémentaire, possibilité de visiter le phare du cap Ferret (*point de vue*) et, plus loin, de découvrir la pointe de la presqu'île (*vue sur les passes du Bassin d'Arcachon, cernées de bancs de sable et ourlées de déferlantes*). Voir pages 24 et 25.

▶ Pour boucler le *Tour du Bassin d'Arcachon*, il faut utiliser les services réguliers du bateau qui relie Le Cap Ferret (départ de l'embarcadère de Bélisaire) à Arcachon (*se renseigner sur les horaires de traversée variables selon les jours et les saisons*).

REALISATION

La réalisation du sentier GR® de Pays *Tour du Bassin d'Arcachon* (TBA) est le fruit d'une étroite collaboration entre :
- Le Syndicat Mixte du Bassin d'Arcachon (SIBA) qui regroupe les dix communes ayant une façade ouverte sur la baie ; le SIBA a assuré le suivi de l'étude et a permis l'édition du topo-guide.
- La Fédération Française de Randonnée Pédestre qui, par son Club des randonneurs du Pyla et du Bassin d'Arcachon, a réalisé l'étude et participé activement à la mise en place du sentier ainsi qu'à l'édition du topo-guide.
- Le Conseil Général de la Gironde, qui a développé en Gironde quelque trois mille kilomètres de sentiers dans le cadre légal du PDIPR (Programme départemental d'itinéraires de promenades et de randonnées).

Le balisage a été entièrement réalisé par le Conseil Général, puis refait aux normes fédérales sous la coordination de Daniel Dumez.

La coordination éditoriale locale a été assurée par Jacqueline et Fernand Poumeyrol.

La cartographie a été réalisée à l'aide d'éléments fournis par Fernand Poumeyrol et Pierre Rinchard †.

Le repérage sur le terrain a été effectué par Gisèle Billa, Alain Castaing, Jean Claverie, Marc Daurys, Joseph Depaul †, Yan Decrop, Hélène Guinaud, Gabriel Maubourguet, Jean Michaud, André Pinguet et Georges Servant. La description des balades a été assurée par Marc Daurys, Jacqueline et Fernand Poumeyrol.

Les textes thématiques ont été rédigés par Fernand Poumeyrol et le texte de présentation du Bassin d'Arcachon par Nathalie Chauvet, service tourisme du SIBA.

Les photographies sont de Brigitte Ruiz (B.R.), sauf celle de la page 43 qui est de Sylvain Vincent (S.V.).

Les illustrations de faune et flore ont été réalisées par Nathalie Locoste (N.L.) et Pascal Robin (P.R.).

Montage du projet, direction des collections et des éditions : Dominique Gengembre. Assistant développement : Patrice Souc. Responsable production : Isabelle Lethiec. Secrétariat d'édition : Philippe Lambert, Marie Fourmaux. Cartographie : Olivier Cariot, Frédéric Luc. Mise en page et suivi de la fabrication : Jérôme Bazin, Céline Lépine, Caroline Le Guen. Lecture et corrections : Brigitte Bourrelier, Jean-Pierre Feuvrier, Elisabeth Gerson, Marie-France Hélaers, Anne-Marie Minvielle, Hélène Pagot, Gérard Peter, Michèle Rumeau.

Création maquette : Florelle Bouteilley, Isabelle Bardini – Marie Villarem, Fédération française de la randonnée pédestre. Les pictogrammes et l'illustration du balisage ont été réalisés par Christophe Deconinck, exceptés les pictogrammes de jumelles, gourde et lampe de poche qui sont de Nathalie Locoste.

BASSIN D'ARCACHON
SYNDICAT INTERCOMMUNAL

CONSEIL GENERAL
Gironde

FFRandonnée
www.ffrandonnee.fr

Cartographie et bibliographie

• Les extraits de cartes reproduits proviennent de la carte IGN au 1 : 25 000 : 1337 ET.

• Pour une vision plus large de la région, nous vous conseillons les cartes suivantes :
- carte IGN au 1 : 100 000 : n° 55
- carte IGN départementale au 1 : 125 000 ou 1 : 140 000 Gironde D 33.
- carte Michelin au 1 : 175 000 n° 335 locale Gironde, Landes

• **Connaissances géographiques et historiques de la région**
- Cottin (F. et F.), *Le Bassin d'Arcachon au temps des pinasses, de l'huître et de la résine*, éd. L'Horizon Chimérique.
- De Marliave (O.), *Dictionnaire du Bassin d'Arcachon : site, nature, patrimoine et histoire*, éd. Sud-Ouest.
- Cottin (F.et F.), *Le Bassin d'Arcachon à l'âge d'or des villas et des voiliers*, éd. L' Horizon Chimérique.
- Poussou (J-P), *Bassin d'Arcachon*, éd. Sud-Ouest.
- *Le Bassin d'Arcachon, guide des côtes*. éd. Gallimard.
- Nombreuses éditions de plaquettes ; guides, plan-guides sur les sentiers girondins et les espaces naturels sensibles édités par le Conseil général de la Gironde. Diffusion : Maison départementale du tourisme, 21 cours de l'Intendance à Bordeaux

• **Guides touristiques et topo-guides**
- Audinet (E.), *Visiter le Bassin d'Arcachon*, éd. Sud-Ouest.
- Dortignac (G.), *L'Art de vivre sur le Bassin d'Arcachon*, éd. Flammarion.
- Feigné (C.) et Durgeon (B.), *Autour du Bassin d'Arcachon à vélo et à pied*, éd. Sud-Ouest.
- *Bassin d'Arcachon*, coll. « Tranches de France », éd. Déclics.
- *Bassin d'Arcachon, Un monde à part*, guide du SIBA.
- *Le Bassin d'Arcachon*, plan-guide n° 16, série Gironde Nature Randonnées pédestres, éd. du Conseil général de la Gironde.

• **Hébergements**
- Mouraret (A. et S.), *Gîtes d'étapes et Refuges, France et frontières*, éd. Rando Editions. Site internet : www.gites-refuges.com.
- *Bassin d'Arcachon* : guide du SIBA.

Pour connaître la liste des autres topo-guides de la Fédération française de la randonnée pédestre sur la région, se reporter au catalogue disponible au Centre d'Informations (voir « Où s'adresser ? », page 13).

INDEX DES NOMS DE LIEUX

Avertissement : les renseignements fournis dans ce topo-guide sont exacts au moment de l'édition. Toutefois, certaines transformations du paysage engendrées par l'urbanisation, la création de nouvelles routes ou lignes ferroviaires, l'exploitation forestière ou agricole, etc., peuvent modifier le tracé des itinéraires. Le balisage sur le terrain devient alors l'élément prioritaire du repérage, avant la carte et le descriptif. N'hésitez pas à nous signaler les changements. Les modifications seront intégrées lors de la réédition.

2e édition : juin 2007

ISBN 978-2-7514-0219-7 / © IGN 2005 (fonds de carte)
Dépôt légal : juin 2007
Compogravure : MCP, Orléans
Achevé d'imprimer en France sur les presses de Jouve, Mayenne